JN218830

THE CHECKERS
Their Music and Times

チェッカーズの音楽とその時代

1983→1992

スージー鈴木

ブックマン社

はじめに

この本の発売日は2019年3月29日。そのちょうど35年前＝1984年3月29日は、TBS『ザ・ベストテン』で初の1位を獲得したチェッカーズが、フミヤ（藤井郁弥）とマサハル（鶴久政治）の母校＝久留米市立南筑高校からの生中継で、《涙のリクエスト》を歌い・演奏した日だった。

今現在、平成最後の年から、私の人生の半分以上にあたる時間を巻き戻した頃に、キラキラと輝いた彼らのことを書くことになったわけだが、そのいきさつは、昨年＝2018年のたった1年間につまっている。

マキタスポーツ氏と私が出演しているBS12トゥエルビの音楽番組『ザ・カセットテープ・ミュージック』で、「チェッカーズ特集」を放送したのが昨年の1月12日。セットリストは《ギザギザハートの子守唄》《ジュリアに傷心》《OH!! POPSTAR》《TOKYO CONNECTION》《Jim&Janeの伝説》《Cherie》。トークのポイントは、マサハルの作曲能力と、ユウジ（大土井裕二）のベースプレイの巧みさについて。

番組を受けて、私も執筆している80年代音楽サイト「リマインダー」主催のイベントで、マサハル氏を招く企画が持ち上がり、3月11日、代官山で私との対談イベントが実現。《Cherie》や《Jim&Janeの伝説》など、マサハル氏の手によるメロディについて私が熱く語り、対してマサハル氏が笑いでかわすという賑やかな会に。

そのイベントにオーディエンスとして参加していたのが、チェッカーズの大ファンでもあるこの本の編集者=ブックマン社の小宮亜里さん。数日後、私のところに小宮さんから「ぜひお会いしたい」という連絡があり、私の仕事場で面会。「スージーさんがイベントで話されていたような、チェッカーズの音楽の素晴らしさを世に問う本を一緒に作らせてください」と、強くお願いされることに。

それから毎週末、30曲のシングルの評論を少しずつ書き進め、年末の12月16日には、私と小宮さんで、フミヤ(夕刻)とマサハル(夜)のライブをハシゴ。更には、マサハル氏・ユウジ氏との対談も敢行。それらを取りまとめて出来上がったのが、この本だ。

本タイトルを分解する。タイトルの前半=「チェッカーズの音楽」は、これまで、意外なほどに語られなかった彼らの音楽そのものと、しっかり向き合いたいという意志を示している。

今一度シングル曲を丹念に聴きこみ、その魅力の幅・高さ・奥行きを正確に測定するという、けれん味のないアプローチを心がけた。

タイトルの後半「その時代」は、あの80年代を、できるだけリアルに描き出したいという目論見を表す。具体的には、私のパーソナルヒストリーの中にチェッカーズを位置づけるという、少々差し出がましい手法を用いた。この手法は、呆れるほどに撒き散らされて来た「80年代=トレンディで馬鹿なヤングがバブルに浮かれ・踊っていた時代」という、実に乱暴なパターン認識に対する対抗措置でもある。

さて。先に白状すれば、私は当時、チェッカーズの強烈なファンではなかった。チェッカーズよりも、ビートルズやレッド・ツェッペリン、はっぴいえんどなどの方を好んで聴いている若者だった。

でも、そうでなければ見えて来なかったものもあると思っている。ユウジのベースの向こう側にポール・マッカートニーを、マサハルのメロディの向こう側にロイ・オービソンを、そしてフミヤのボーカルの向こう側に沢田研二を見据えることが出来たのは、リスナーとして色んな回り道をして来たからという自負もある。

冒頭で書いたように、この本の発売日のちょうど35年前＝１９８４年３月29日はチェッカーズが、ＴＢＳ『ザ・ベストテン』で初の１位を獲得した日。そのちょうど１年前＝１９８３年の３月29日は、彼らが福岡から上京したまさにその日だ。その日、私は16歳、大阪市内の府立高校で、高校２年生になる春を迎えている。

そして、その日のあなたは、どこで何をしていましたか？――「チェッカーズの音楽とその時代」、さぁ、始まります。

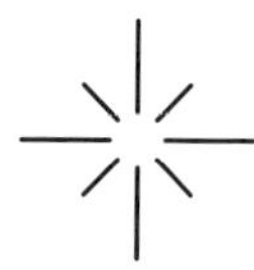

1988

1990~
1992

contents

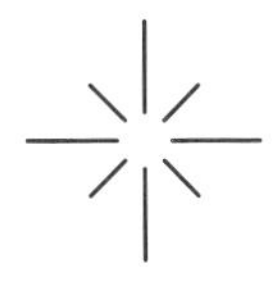

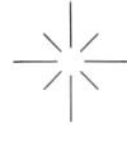

1983

1984

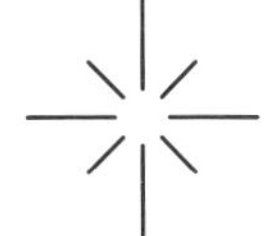

1985

1986

1987

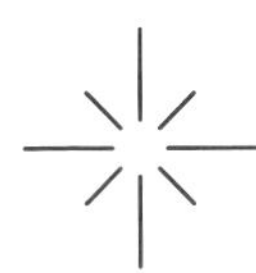

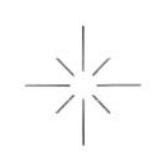

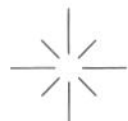

1983

始動。

千葉県浦安市に東京ディズニーランドがオープンしたのがこの年の4月15日。チェッカーズの7人は、その約3週間前に上京した。ポニーキャニオンからレコードデビューを飾ったのは、それから半年後となる9月21日。

街には、カルチャー・クラブや、デヴィッド・ボウイが流れていた。この年のレコード大賞（第25回）は『矢切の渡し』（細川たかし）、最優秀歌唱賞は『越冬つばめ』（森昌子）、最優秀新人賞『気まぐれONE WAY BOY』（THE GOOD-BYE）、レコード売上ベスト3は、1位・中森明菜（67.2億円）、2位・松田聖子（61.4億円）、3位・サザンオールスターズ（44.8億円）。この年に生まれたアーティストには、宇多田ヒカル、中島美嘉などがいる。

track 1

ギザギザハートの子守唄

「この曲、
ホントだったら、俺が自分で出したいくらいの
名曲なんだぞ。」

芹澤廣明

売上枚数
39.6
万枚

オリコン
最高位
8位

作詞：康珍化
作曲：芹澤廣明
編曲：芹澤廣明
1983年9月21日発売

退屈退治――またたく間に広がった7人の革命の炎

『チェッカーズの音楽とその時代　1983-1992』という、とてつもなくエキサイティングでドラマティックな物語のスタート地点にして、時代の転換点。

あれから35年が経った今でも、クリアに覚えている。高校2年生2学期の美術の時間。美術は選択科目だったので、隣のクラスである2年E組の、同じく美術を選択した生徒と一緒に、授業を受けることになっている。東京から遠く離れた、「やや進学校」という感じの大阪の府立高校にも、目ざとい女子はいる。

「これ、知ってる？　チェッカーズっていうねん。めっちゃ可愛いねん！」

こちらは、当時の大阪にとても多かった「ハードロック少年」で、その頃は、歌謡曲どころか、邦楽自体をほとんど聴いていない。バッグに忍ばせたポータブル・カセットプレイヤーに入っているのは、レッド・ツェッペリンのセカンドアルバムだ。

彼女が私に見せているのは、当時流行っていた、薄い紙が入るようになっている、プラスティックの透明下敷き。その中に入っている、極彩色のファッションに身を包んだ少年7人組の写真（「月刊明星」の切り抜きと思われる）。中でも、真ん中で微笑んでいる少年が、同性・（ほぼ）同年代の目からしても、妙な気分になるくらいに、やたらと可愛い――が、「ハードロック少年」としては、「可愛い」と同調するのは、さすがに、色んな意味ではばかられる。

「なんや、ようわからんなぁ。俺、最近、洋楽しか聴いてへんから、わからんわ」

デビュー直後の7人組の少年たちに対して、私のように、一旦距離を置いた若者は多かったはずだ。松田聖子、中森明菜、たのきんトリオで固められたアイドル市場に対して、この謎のファッション、謎の髪型の、謎な少年たちに、忍び込める隙があるとは、到底思えなかったからだ。

しかし、一部の若者がそれに食いついた。2年E組の目ざとい女子＝ノリコさんもそのひとり。いつだって、鋭敏な感性の若者が新しい文化を作っていく。逆に、1983年という段階で、そこから10年以上前のハードロックをありがたがっているような、コンサバティブな少年には、この新しい文化を理解するのに、もう少し時間が必要だった。

その次の週末、家でFMラジオを聴いていた。ホール&オーツや、ポリスなどの洋楽の間隙を縫って聴こえてきたのは、新しい、いや新しすぎるからか、なかなか理解できないイントロだった。サックスが強烈にうなっている。

「♪シド・ッド・ッド・ッド・ミー・ッド」（キーは【Em】）

聴きようによっては、「♪ッド・ッド」という裏拍の感じが。当時のロンドンで流行ったスカ・ビートを思い出させる。しかし、違う方向から耳を澄ませたら、コミックソングのようにも聴こえてくるトボけたイントロでもある。これはオシャレなのか、コミックソングなのか——わからない。

そんな理解不能さは、歌に入って、さらに極まる。日本語だ。それも、歌詞がツッパリソングな

＊1　秋山道男（あきやまみちお）　1948年生まれ。編集者、プロデューサー、クリエイティブディレクター、俳優。数々の雑誌にかかわり、また、無印良品などの総合プロデュースも手掛けた。2018年没。

＊2 本多三記夫（ほんだみきお）　代官山「Bijin」オーナー。数々のテレビCMや広告のヘアメイクを手掛ける。当時の「Bijin」はYMOやチェッカーズなど、多くのミュージシャン御用達のサロンであった。

＊3 奥村靫正（おくむらゆきまさ）　1947年生まれ。アートディレクター、画家。YMO、チェッカーズ、はっぴいえんど、戸川純、山下達郎など多くのアーティストのビジュアルワークを担当した。

のだ。「♪仲間がバイクで死んだのさ」とくるから、横浜銀蝿とか、のちの虎舞竜にも通じる。さらには歌詞の文字数が「七五調」（正確には「八五」）で、とても古臭い（だからこの曲のメロディで『水戸黄門』の歌が歌える。逆も可）。

メンバーのタカモク（高杢禎彦）は、自著でこう語っている。

――そして、師匠（著者註：この曲の作・編曲を手掛けた芹澤廣明）はちょっと間を置いて、真剣に二曲目の「ギザギザハートの子守唄」のメロディーを弾き始めた。やけに熱が入っている。俺は最初、「師匠何やってんの？　ギャグやってんの？」って感じだった。だって、この曲、俺の耳にはモロに小林旭さんのコミックソング「自動車ショー歌」に聞こえたんだから（高杢禎彦『チェッカーズ』新潮社）

実は、すべてが仕組まれていた。まずビジュアル面のスタッフは、80年代前半を席巻したイエロー・マジック・オーケストラ（YMO）人脈で固められている。一時期「二代目YMO」を襲名した時代の寵児＝秋山道男[*1]によるコンセプトに、髪型は、YMOの「テクノカット」を考案した、代官山「Bijin」というサロンの本多三記夫[*2]。アート・ディレクションは、YMOのジャケットを手掛けた奥村靫正[*3]という、豪華絢爛・東京（＝TOKIO）最先端の布陣である。

さらに曲の方は、この前年に上田正樹『悲しい色やね』、そしてこの年、小泉今日子『まっ赤な女の子』『艶姿ナミダ娘』、杏里『悲しみがとまらない』と、奇妙な言語感覚でヒットを連発し始めた作詞家＝康珍化[*4]による意図的なアナクロニズム（時代錯誤）の言葉が、前年、中森明菜『少女Ａ』で一発当て、その後チェッカーズの音楽監督的なポジションに就く、芹澤廣明の個性的なメロディの上に乗っている。

先のタカモクの疑念に対して、芹澤廣明はこう返したという。

――「**バカッ！　この曲、ホントだったら、俺が自分で出したいくらいの名曲なんだぞ**」（同）

このタカモクと芹澤廣明のやりとり。どちらが正しかったのかは言うまでもない。7人がまだ住み慣れない東京から、大阪へ、そして7人の少年たちの故郷＝福岡久留米も含む、日本全国にチェッカーズ革命の炎が広がっていく。それもまたたく間に。

この曲には、当時珍しいプロモーション・ビデオがある。その映像に流れる、チェッカーズ・デビュー時のキャッチコピーは「退屈退治」。

松田聖子、中森明菜、たのきんトリオで固められたアイドル市場にも、まだ満たされない「退屈」があったのだ。

そして、秋山道夫や芹澤廣明らは、そんな未知の「退屈」を、しっかりと捉えていた。

＊4　康珍化（かんちんふぁ）　1953年生まれ。作詞家。歌人。作曲家・林哲司とコンビを組むことが多く、数々のヒット曲を世に送り出している。84年に『桃色吐息』で日本レコード大賞作詞賞を受賞。

1984

着火。

ロサンゼルスオリンピックが開催されたこの年、テレビをつければどこかの局でチェッカーズが流れていた。1月21日にリリースされた《涙のリクエスト》はヒットし続けたまま、5月1日に《哀しくてジェラシー》がリリースされる。そして5月14日に発表されたオリコン・シングル・チャートベスト10に、《ギザギザハートの子守唄》とともに3曲がランクイン。同じアーティストの曲が3曲同時にベスト10に入るのは、オリコン史上初の快挙であった。

この年の日本レコード大賞（第26回）は『長良川艶歌』（五木ひろし）、アルバム大賞は『Triad』（高橋真梨子）、最優秀歌唱賞は『浪花節だよ人生は』（細川たかし）、最優秀スター賞は『北ウイング』（中森明菜）、最優秀新人賞は『-Dreaming Girl- 恋、はじめまして』（岡田有希子）。年間レコード売上ベスト3は、1位・松田聖子（78.3億円）、2位・中森明菜（56.9億円）、3位・チェッカーズ（36.6億円）だった。

track 2

涙のリクエスト

ここだよ。
この一行に、しびれたんだよ。
日本全国の小中高の女の子たちが。

長戸大幸

売上枚数 67.2 万枚

オリコン最高位 2 位

作詞：売野雅勇
作曲：芹澤廣明
編曲：芹澤廣明
1984 年 1 月 21 日発売

アメリカのようでもなく、東京のようでもなく、久留米のようでもない、無国籍オールディーズ！

1984年3月29日、木曜日、ブラウン管の中で、チェッカーズがこの曲を歌っている。場所は、フミヤ（藤井郁弥）とマサハル（鶴久政治）の母校、久留米市立南筑高校だ。

番組はTBS「ザ・ベストテン」。チェッカーズはこの日、この番組で初の1位を獲得している。その記念として、母校からの生中継となったのだろう。校庭に設営された舞台の後ろで、派手派手しく花火が上がっている。次々と舞い上がる花火の炎は、チェッカーズというムーブメントに、本格的に火がついたことの象徴だ――。と持ち上げながら、私は当時この曲を聴いて、少々がっかりしたことを憶えている。《ギザギザハートの子守唄》に詰め込まれていた、それこそギザギザした違和感のようなものが薄いのだ。

特に「【E】→【C#m】→【F#m】→【B7】」という、超シンプル・超ベタな循環コードには、《ギザギザハートの子守唄》で試された音楽的実験性がかけらも無い。というのは、このコード進行は、例えばポール・アンカ『ダイアナ』[*1]に代表される、50年代から60年代前半までのアメリカンポップスで、何万回も多用されたものだからである。

それでもこの曲に功績があったとすると、「【E】→【C#m】→【F#m】→【B7】」のような、超シンプル・超ベタな世界観に、鉱脈があったということを、くっきりと証明したことだ。

さらにそのコード進行に、売野雅勇（うりのまさお）による、「リクエスト」「コイン」「トランジスタ」「ロケット」など、アメリカンポップス的なワードが並べられた歌詞が乗っている。

＊1　ポール・アンカ『ダイアナ』　カナダ出身のシンガーソングライターである彼の代表曲。1957年発表。延べ900万枚以上売れたとされる。日本では、山下敬二郎や平尾昌晃がカバーした。

しかしその歌詞の舞台設定は、巧妙に隠されている。アメリカのようでもあるし、東京のようでも久留米のようでもある。でも、アメリカのようでもなく、東京のようでも久留米のようでもない。

私はこの、アメリカンポップス的なコード進行や歌詞を使いつつ、ロケーションを抽象的に放り出した音世界を「無国籍オールディーズ」と呼びたいと思う。そして、この「無国籍オールディーズ」というコンセプトこそが、チェッカーズに火をつけた起爆剤だったと考えるのだ。

売野雅勇の著書『砂の果実　80年代歌謡曲黄金時代疾走の日々』（朝日新聞出版）によれば、この曲のヒットの直後、後のビーイング総帥＝長戸大幸[*2]が、売野に取材をしに来るシーンがある。そこで長戸は、自分が考えるヒットの要因を突きつける。

――「ここだよ！」

長戸大幸さんの自信に満ちた声が、部屋に響いた。

「この一行に、しびれたんだよ。日本全国の小中高の女の子たちが」

「ここ？」と、ぼくは言った。そこには、こう書かれていた。

夜中の街を　おまえを迎えに　駆けて行くから

この見方は面白い。細かく歌詞を分析し、そして「♪夜中の街を～」の一行がキラーフレーズと見抜くセンス。そんなミクロな審美眼によって長戸大幸は、この約10年後、「ビーイング系」の大ヒットを連発するのである。対して、私もミクロな話を付け加えれば、曲の中で間奏とエンディングに2回出てくる、「【C】→【D】→【E】」というコード進行のところ（サックス・ソロのパート）の疾走

*2 長戸大幸（ながとだいこう）　1948年生まれ。音楽プロデューサー。ビーインググループの創業者（現相談役）。BOØWY、TUBE、ZARD、WANDS、大黒摩季、T-BOLANなどをプロデュース。

感・切迫感の魅力を推したいと思う。先に述べた「超シンプル・超ベタな循環コード」の中で、このパートだけが異彩を放っている。そこに漂う「疾走感・切迫感」を翻訳すれば、「日本全国の小中高の女の子の胸をかきむしらせる感じ」だ。

●1984年3月29日付け「ザ・ベストテン」ランキング
1位：チェッカーズ《涙のリクエスト》
2位：ALFEE『星空のディスタンス』
3位：松田聖子『Rock'n Rouge』
4位：近藤真彦『一番野郎』
5位：安全地帯『ワインレッドの心』
6位：田原俊彦『チャールストンにはまだ早い』
7位：わらべ『もしも明日が…』
8位：河合奈保子『微風のメロディー』
9位：柏原芳恵『ト・レ・モ・ロ』
10位：谷村新司『22歳』

ちなみに1984年3月29日は、彼ら7人が上京してからちょうど1年となる日だった。たった1年で、久留米の少年たちが燃やした小さな小さな炎が、そのとき、高く高く舞い上がった。

track 3

哀しくてジェラシー

え？ あなたのトレードマークを切ってしまう？
ファンの皆さま、私がこちら（フミヤさん）の
御指名により髪を切ります。

黒柳徹子

「ザ・ベストテン」でライブの成功を願掛けするために
前髪を黒柳さんに切ってほしいというフミヤのリクエストに答えて。

売上枚数
66.2
万枚

オリコン
最高位
1位

作詞：売野雅勇
作曲：芹澤廣明
編曲：芹澤廣明
1984年5月1日発売

＊1 前髪を垂らした男子　いわゆるテクノカットよりも前髪を長く不ぞろいにした髪型は、当時の中高生男子のあいだで大流行。校則で禁止する学校や、教師に前髪を切られるケースも多くあった。

西日本発のロックンロール・ボーイズによる、80年代第二幕のやんちゃな幕開け

この曲で思い出されるのは、何と言っても、TBS『ザ・ベストテン』における3曲同時ランクインのことである。5月17日（第327回）から4週連続で、この曲と、《涙のリクエスト》、そしてデビューシングル《ギザギザハートの子守唄》の3曲が、同時に10位以内に入っているのだ。

1964年4月、イギリスからアメリカに上陸した直後のビートルズが、ビルボードのトップ10に5曲をランクインさせたことがある。それと非常に似たような現象が、ちょうど20年後の日本で、福岡から東京に上陸直後のチェッカーズによって、生み出されたこととなる。

注目すべきは、リリースから半年以上遅れて、《ギザギザハートの子守唄》がヒットしているという事実である。前項で書いた、《涙のリクエスト》で火がついた「チェッカーズ現象」の、恐ろしいまでのパワーが、旧作を掘り起こして、ヒットさせるに至ったのだ。

私の手元にあるのは、高校の卒業アルバムである。

写真の中には、フミヤ風に前髪を垂らした男子[＊1]が数名いる。私は、1984年の春に高校3年生となった丙午（ひのえうま）世代。アルバムの中でページを割かれている3年生時の写真は、まさに「チェッカーズ現象」の真っ最中だったのだ（かく言う私は、てっぺんを短くして立たせるポール・ウェラー風の奇妙な髪型だったのだが）。

有名な話として、デビューに際して、《ギザギザハートの子守唄》《涙のリクエスト》《哀しくてジェラシー》の3曲が、あらかじめ用意されていたという事実がある。この3曲はある意味、非常に戦略的だと思う。

ツッパリソングの《ギザギザハートの子守唄》、「無国籍オールディーズ」の《涙のリクエスト》、そして歌謡曲っぽい《哀しくてジェラシー》、どこに鉱脈があるのかを測定するための3曲。

結果として、《涙のリクエスト》と《哀しくてジェラシー》が大ヒット。そして、この2曲の中間的方向性＝「無国籍オールディーズ歌謡」とでも言うべきマーケットに、売野雅勇&芹澤廣明の手によるシングルを連続投下することで、チェッカーズは国民的アイドルバンドとなっていく。

逆に言えば、この曲は、歌謡曲っぽさが過ぎると言おうか、《涙のリクエスト》にあるキュートさに欠けるとも言える。「♪男と女はすれ違い」のような、湿った歌詞世界は、当時のチェッカーズに似つかわしいとは、言いにくい。

それでも、芹澤廣明によるメロディの独創性が、この曲のクオリティをぐんと上げている。「タ・ター」＝8分音符と付点2分音符の組み合わせが7回繰り返されるBメロ＝「♪あ・いー」「♪さ・れー」「♪て・るー」「♪の・にー」「♪い・けー」「♪な・いー」「♪Your・Heart」や、その後のサビの「♪お・と・こ・と・お・ん・な・は・す・れ・ち・が・い」という、怒涛の4分音符連打は、一度聴いたら忘れることが出来ない。

＊2 吉川晃司『モニカ』　作詞・三浦徳子、作曲・NOBODY、編曲・大村雅朗。84年2月1日発売。売上枚数33.9万枚。「チェッカーズさえいなければ、吉川はもっと鮮烈なデビューを成し遂げたはずだ」（スージー鈴木『1984年の歌謡曲』より）。

さて、先に書いた5月17日の「ザ・ベストテン」のランキングを見れば、《涙のリクエスト》が2位、この曲が7位、8位が《ギザギザハートの子守唄》となるのだが、ここで3位の曲に着目してみる――吉川晃司『モニカ』[＊2]。

当時の印象をたどれば、チェッカーズと吉川晃司は、同じクラスタに見えていた気がする（物まね芸人のパル＝当時「パルコ」＝は、2つまとめて「チェッ川晃司」と言っていた）。そのクラスタにレッテルを貼るとすれば――「西日本からやってきたロックンロール・ボーイズ」。

当時の音楽シーンを振り返れば、松田聖子、中森明菜、たのきんトリオたちが牛耳っていた、実に東京東京した時代の空気を、西日本からはるばるやってきたロックンロール・ボーイズたちが、土足で踏み荒らしているという感じがしたものだ。

演劇の舞台が一度暗転して、書き割りが入れ替わるように、80年代の第一幕が終わり、第二幕が開演した。元気よく舞台に出てきたのは、決してアイドルとはくくることの出来ない、ロックンロールが大好きな少年たちだ。そして、彼らのセリフには、少しだけ西日本の訛（なま）りが入っている。

track 4

星屑のステージ

「実は、『喝采』をやってくれっていわれて
僕が書いたのが
チェッカーズの《星屑のステージ》なんです。
売野雅勇」

売上枚数
60.4
万枚

オリコン
最高位
1位

作詞：売野雅勇
作曲：芹澤廣明
編曲：芹澤廣明
1984年8月23日発売
＊連続ドラマ『うちの子にかぎって…』（TBS系列）主題歌

周到に仕組まれた曲作りによって、チェッカーズの新しい側面の提示に成功した一曲

この曲の発売から2年ほど経った1986年のある日。その年の春に東京の大学生になっていた私は、時間だけがあり余った大学生活の暇つぶしとして、当時市ヶ谷にあったシャープのショールームで行われていた、無料で入れるラジオの公開録音に足を運んだ。

舞台に立っていたのは、当時まだ売り出し中だった物まねタレント＝栗田貫一。その後定番ネタとなる吉幾三や細川たかしに交えて、この曲を歌うフミヤの物まねを披露したのだ。

「♪ほーにくーにゅのすねーーうぃー」（♪ほーしくーずのすてーーじー）

フミヤの独特の発声に対して、文字をナ行に置き換えるという技で対応した、とても独創的な物まねだった。そして、自身も非常に歌が達者な栗田貫一の物まねを通して、この曲の良さと、フミヤの歌の素晴らしさを、改めて確認したのだ。

話はその2年前に戻る。前項で書いたように、《涙のリクエスト》と《哀しくてジェラシー》の中間的方向性＝「無国籍オールディーズ歌謡」に方向性は定まった。そして、売上枚数も盤石だ。次のシングルでの、さらなるスケールアップに向けて確認されたのは、次の3点だったのではないか。

・ゆったりとしたバラードにする。
・フミヤのボーカルをしっかりと聴かせる。
・泣ける歌詞にする。

つまり「無国籍オールディーズ歌謡」でありながら、元気でポップなロックンロールではない、チェッカーズの新しい側面を見せることによって、新規層獲得の手を緩めない、攻撃的なマーケティングを展開しようということだろう。

まずリズムは8分の12拍子という、俗に「ロッカバラード」と言われる、ゆったりとしたものである。ただし、ビートルズ『オー！ダーリン』や沢田研二『おまえがパラダイス』のような、典型的なロッカバラードではなく、キーはマイナーで、ぶっちゃけ非常に暗い。

そしてメロディの音程が非常に高いのだ（キーは【Am】）。冒頭の「♪胸に頬をう（ずめ）」から、音程は上の「E」の音であり、普通の成人男子が歌うには、かなりキツいキーである。その上、曲の後半では、そのキーがさらに半音上がる（【Am】→【A#m】）。そのせいか、テレビ番組ではキーを半音下げて歌うことが多かったようだ。

歌詞は、死んでしまった彼女のことを思うというもので、そこだけを切り取れば、虎舞竜『ロード』にもつながるものである。作詞を担当した売野雅勇の頭の中にあったのは、同じく恋人の死を歌った、ちあきなおみの超・名曲『喝采』だったようだ。

＊1　虎舞竜『ロード』　作詞作曲・高橋ジョージ。第1章は93年1月23日発売。有線放送で火が点き第1章だけで200万枚を超える売上という。全部で第14章まである。

＊2　ちあきなおみ『喝采』　作詞・吉田旺、作曲・中村泰士、編曲・高田弘。72年9月10日発売。売上枚数80,7万枚。同年の日本レコード大賞を受賞。

——あれ（著者註：『喝采』）は、本当によくできています。完成されてますよね。実は、喝采をやってくれっていわれて僕が書いたのがチェッカーズの《星屑のステージ》なんです。他にもいくつかあるんですけど、なかなかできなかったですね、あそこまでのは（「作詞家・売野雅勇インタビュー――80年代と歌謡曲黄金時代」サイト「GQ Japan」）

つまりまとめると、暗いロッカバラード、ハイトーン・ボーカル、ちあきなおみ『喝采』のような歌詞という、周到な仕組まれた曲作りによって、チェッカーズの新しい側面の提示に成功し、60万枚の売上枚数を叩き出したという曲なのである。

ただし、1点だけケチをつければ、その分、商売っぽさが前面に出ているということだ。

その結果、TBSのテレビドラマ「うちの子にかぎって…」の主題歌タイアップも決まるのだが、商売っぽさの代償として、《ギザギザハートの子守唄》《涙のリクエスト》《哀しくてジェラシー》という初期3部作にあった、福岡久留米のヤンキーによる八方破れのパワーのようなものが失われている感じがするのだ。

冒頭で紹介した栗田貫一による「♪ほーにくーにゅのすねーーうぃー」には、いかにも商売っ気のあるバラードを絶唱し、新しいファンをさらに惹きつけているフミヤへの当てこすりが、少々入っていたのかもしれない。

track 5

ジュリアに傷心（ハートブレイク）

「あんなに勢いのある作品を、
チェッカーズの生命線を握るこの時期に
書けるなんて。
筒美京平」

売上枚数
70.3
万枚

オリコン
最高位
1位

作詞：売野雅勇
作曲：芹澤廣明
編曲：芹澤廣明
1984年11月21日発売

「東京のビジネス性」と「久留米のヤンキー性」が見事に両立した最大のヒット曲

シングル売上枚数だけで言えば、この曲こそがチェッカーズのピークである。また1984年の暮れに発売されながら、翌1985年を席巻し、その年の年間ランキングの1位に輝く。

「ここがピーク」と言ってしまえば「ここからは落ちる一方」ということになりそうだが、チェッカーズの妙味は、その落ち方が実になだらかで、ここから8年後の解散まで、ヒットチャートに君臨しながら駆け抜けるところにあるのだが。

先の《星屑のステージ》の項で、「商売っぽさが前面に出ている」て、「福岡久留米のヤンキーによる八方破れのパワーのようなものが失われている感じがする」と書いたが、ここではヤンキー性も見事に復活。「東京のビジネス性」と「久留米のヤンキー性」が両立している。この両立こそが、ピークからの落ち方をなだらかにした最大の要因だと、私は考えている。

売野雅勇の著書『砂の果実　80年代歌謡曲黄金時代疾走の日々』（朝日新聞出版）より。売野がある人に言われた言葉。

――あんなに勢いのある作品（著者註：《ジュリアに傷心》）を、チェッカーズの生命線を握るこの時期に書けるなんて、乗っている証拠だし、とても凄いことだから、このブームは当分終わらないね。だからしっかり芹澤(著者註:廣明)くんについて行った方がいいよ

ある人とは、日本作曲界のレジェンド=筒美京平[*1]だ。この発言をじっくり読めば、筒美自身が、作曲家・芹澤廣明に少しジェラシーしているような感じがする。あの筒美にここまで言わせるほど、《ジュリアに傷心》のピークは、高くそびえ立ったということだ。

この曲において、まず注目したいのは演奏である。あまり(ほとんど)語られないが、チェッカーズは、リズムセクション=ドラムスとベースのバンドだと思う。クロベエ(徳永善也)のドラムスと、ユウジ(大土井裕二)のベースの達者さも、チェッカーズを長くヒットチャートに食い止めた大きな要素だ。

特にこの曲では、そのリズムセクションが映えている。イントロ冒頭のドラムスの連打と、曲中を跳ねて駆け回るベースの「日本全国の小中高の女の子の胸をかきむしらせる感じ」はどうだろう。ぜひ改めて、注目して聴いていただきたいのだ。

そして歌詞。まずタイトル。「傷心」と書いて「ハートブレイク」と読ませるセンス、そして「じゅりあにはーとぶれいく」という語呂の良さ。キャッチコピーとして完成されている感じがする(余談だが、作詞の売野雅勇は元コピーライター)。

さらに歌詞の中は、「日本全国の小中高の女の子の胸をかきむしらせる」パンチラインの嵐だ。

*1 筒美京平(つつみきょうへい) 1940年生まれ。作曲家、編曲家。作曲作品の売上枚数は(別名義も含め)7600万枚以上と歴代作曲家1位。ちなみに2位は小室哲哉、3位は織田哲郎、4位に桑田佳祐。

2箇所だけ挙げておくと、まずは「♪俺たち都会で大事な何かを失くしちまったね」。「都会」と田舎（故郷）を対比させることで、チェッカーズのDNAである「久留米のヤンキー性」が屹立してくる。また、その「田舎（故郷）」の表現としての「夢の他に何もない部屋」というのも実に上手い。

……とまぁ、どこからどうつついても、まごうことなくチェッカーズのピークなのである。

この曲のリリースから1年後、1985年の大晦日、浪人生の私は、受験勉強疲れの冴えない気分で、ブラウン管を眺めている。ピークを迎えて向かうところ敵なしのチェッカーズが、TBS「日本レコード大賞」とNHK「紅白歌合戦」をハシゴし、圧倒的なパフォーマンスでこの曲を演奏している。そして80年代が、折り返し地点に差し掛かっている――。

1st

『絶対チェッカーズ!!』

1984年7月21日発売

『絶対チェッカーズ!!』

❶ **危険なラブ・モーション**
作詞：藤井郁弥　作曲・編曲：芹澤廣明

❷ **He Me Two（禁じられた二人）**
作詞：売野雅勇　作曲：鶴久政治　編曲：芹澤廣明

❸ **ウィークエンド アバンチュール**
作詞：藤井郁弥　作曲：鶴久政治　編曲：芹澤廣明

❹ **渚のdance hall**
作詞：藤井郁弥　作曲・編曲：芹澤廣明

❺ **ギザギザハートの子守唄**
作詞：康珍化　作曲・編曲：芹澤廣明

❻ **涙のリクエスト**
作詞：売野雅勇　作曲・編曲：芹澤廣明

❼ **MY ANGEL（I WANNA BE YOUR MAN）**
作詞：高杢禎彦　作曲：武内享　編曲：チェッカーズ

❽ **ガチョウの物語**
作詞：藤井郁弥　作曲：大土井裕二　編曲：チェッカーズ

❾ **ひとりぼっちのナタリー**
作詞：売野雅勇　作曲・編曲：芹澤廣明

❿ **ムーンライト・レヴュー50s'**
作詞：売野雅勇　作曲・編曲：芹澤廣明

1985

沸騰。

為替ルート安定化に関するプラザ合意が9月に行われたこの年、日本はバブル前夜の円高不況に陥っていた。DCブランドが流行をし始め、1兆円ビジネスとなった。チェッカーズも日本中の中高生男子が真似たチェッカーズ・カットをやめたが、さらに斬新なファッションを衣装に取り入れていく。

この年の日本レコード大賞（第27回）は『ミ・アモーレ』（中森明菜）、アルバム大賞は『9.5カラット』（井上陽水）、最優秀歌唱賞は『波止場しぐれ』（石川さゆり）、最優秀スター賞は《ジュリアに傷心》（チェッカーズ）、最優秀新人賞は『C』（中山美穂）。年間レコード売上ベスト3は、1位・中森明菜（62.3億円）、2位・松田聖子（56.8億円）、3位・チェッカーズ（56・1億円）だった。

track 6

あの娘とスキャンダル

行かないで！
タヌキだっていいじゃない！
私たちもタヌキになるもん！

『CHECKERS in TAN TANたぬき』ラストシーン

売上枚数
51.6
万枚

オリコン
最高位
1位

作詞：売野雅勇
作曲：芹澤廣明
編曲：芹澤廣明
1985年3月21日発売
*初主演映画
『CHECKERS in TAN TAN たぬき』主題歌

楽しそう！　メンバー7人の、東京での愉快な毎日が偲ばれる曲

久留米のチェッカーズが、東京のチェッカーズへ、そして日本全国のチェッカーズへ。彼らが時代を席巻した1年＝1985年の最初のシングルである。

「日本全国のチェッカーズ」になったということは、この前年までの彼らに付着していたアクの強い香りを削ぎ落としたということでもある。実際、この曲を初めて聴いたとき、「向こう側に行ってしまったな」という感じがしたものだ。

そういう印象を醸し出した大きな要因として、この曲がフジテレビ系「夕やけニャンニャン」の冒頭で流れるテーマ曲に使われたという事実がある。

「夕やけニャンニャン」――この85年の4月から2年と少しの間放映された、夕方5時からの1時間番組。おニャン子クラブという、半素人の女の子アイドル集団を軸としたバラエティ番組。秋元康の企画力が冴え、とんねるずが暴れまわり、私を含む当時の男の子を釘付けにした番組。

今となって思えば、80年代は「東京の時代」だったと思う。東京はかっこよくて豊か、田舎はダサくて貧しいと、くっきり区分された時代。そんな時代を象徴したのがフジテレビであり、とんねるずであり、「夕やけニャンニャン」だったという気がする。80年代日本の「首都東京の首都」は、当時フジテレビがあった新宿区河田町だった。

*1『CHECKERS IN TAN TAN たぬき』
脚本・監督は川島透、原案は秋山道男。85年4月27日公開。チェッカーズは実は7匹のたぬきだったという冒険ファンタジー作品。

そう言えば、この85年の4月には、チェッカーズの主演映画『CHECKERS IN TAN TAN たぬき』[*1]が上映されているのだが、こちらの制作もフジテレビ。つまり、「日本全国のチェッカーズ」とは「フジテレビのチェッカーズ」であり、「向こう側に行ってしまったな」の「向こう側」とは、河田町のフジテレビ社屋の中ということになる。

そういう背景があったことに加え、この曲自体も、何となく軽薄だし、何よりも「久留米のヤンキー性」が（また）封印されている。《ジュリアに傷心》がキラキラしているとすれば、こちらはチャラチャラしているという対比だ。

その歌詞は「無国籍オールディーズ」の極致でありながら、「はりぼて」感が強く、憂いやセンチメンタリズムのようなものが決定的に弱い。もしかしたらフジテレビから、「イケイケのうちの局の関連楽曲なんだから、明るく軽薄に頼むねー」という要請もあったのかもしれないが。

そして音を注意深く聴いてみると、曲の中でリズムが細かく変化していくことに気づく。

・歌い出しの「♪危険な恋を～」からは「ン・タタ・ン・タン」という手拍子が入っている。
・中間部「♪愛さずに～」からは、バンド全体が「タン・タン・タン・タン」と4分音符を連打する。
・「♪おまえ苦しめないね～」からは、「タン・ンタ・タン」という「アイドル手拍子」を誘発するリズムになっている。

つまり、公開番組やコンサートなどで、気持ちよく客席を沸かせるための仕立てが内蔵されているのである。もろもろまとめれば、「作品」というより「商品」としてとても優秀な曲という結論になる。

さらに私見をつけ加えれば、この曲を歌っていた当時のチェッカーズは、実に楽しそうだったのだ。いかにも東京をエンジョイしているという感じ。太田裕美の名曲『木綿のハンカチーフ』[*2]の歌詞に、彼女を故郷に残して東京に来た男の心中を語る「♪毎日　愉快に過ごす街角」というフレーズがあるのだが、まさにこの感じ。

東京の毎日が実に愉快そうな7人組。

売上枚数は《ジュリアに傷心》が約70万枚、この曲が約50万枚と、結構はっきりと落ち込んでいる。ただ、そんな事実を確かめて危機感を感じていたメンバーなど、ひとりもいなかったのではないか。そんな7人の、東京での愉快な毎日が偲ばれる1曲である。

＊2　太田裕美『木綿のハンカチーフ』　作詞・松本隆、作曲・筒美京平、編曲・筒美京平・萩田光雄。75年12月21日発売。売上枚数86.7万枚（ミュージック・リサーチ社の発表では150万枚以上）。発売直後に『およげたいやきくん』が登場し、これほどの大ヒットなのにオリコン1位にはなっていない。

track 7

俺たちのロカビリーナイト

あえてマチ針のついた仮縫い状態の衣装を見て、
「これは新しいイメージのチェッカーズとして？」と訊く司会の井上順に

そうですね、新しいイメージで ── **フミヤ**
そうですね、中途半端で ──**トオル**
中途半端で行く！ ── **芳村真理**

売上枚数 **44.7** 万枚

オリコン最高位 **1** 位

作詞：売野雅勇
作曲：芹澤廣明
編曲：芹澤廣明
1985年7月5日発売

「無国籍オールディーズの完成形」のカッコよさを30年以上の時を経た今、発見する

個人的には、とても地味な印象の一曲である。前作《あの娘とスキャンダル》が、先に書いたような感じで、派手派手しく軽々しいイメージだったことの反動もあるかもしれないが、私自身が浪人時代に突入し、この曲が発売された夏ごろまでは、しっかり予備校に通いながら、受験勉強に集中していたことも関係していると思う。

更に、この1985年夏は、阪神タイガースが奇跡の躍進をしていていた時期であり、私の住んでいた大阪が、阪神一色に染められていたこともある。「チェッカーズよりタイガース」という空気の中、《俺たちのロカビリーナイト》が「俺たち」のものと感じることが出来なかったのだ。

第一印象としてつまずくのは「ロカビリー」という言葉だ。1950年代後半に日本でも大ブームとなった音楽ジャンル＝ロカビリーが再ブームとなったのは、アメリカのネオロカビリー・バンド＝ストレイ・キャッツがヒットした81年。その影響で、同年沢田研二が[*1]『ス・ト・リ・ッ・パ・ー』を発売。その2年後の83年、近藤真彦が[*2]『ためいきロ・カ・ビ・リー』をリリースした頃には、既に時代遅れな感じがしたものだった（作詞：松本隆）。

その上で、さらにその2年後の「ロカビリー」だから、これはやはりヤバい。受験勉強もあるし、

＊1　沢田研二『ス・ト・リ・ッ・パ・ー』　作詞・三浦徳子、作曲・沢田研二、編曲・伊藤銀次。81年9月21日発売。売上枚数36.4万枚。派手なメイクと衣装が話題となった。

＊2　近藤真彦『ためいきロ・カ・ビ・リー』　作詞・松本隆、作曲・筒美京平、作曲・松下誠。83年7月15日発売。売上枚数30.3万枚。近藤主演映画『嵐を呼ぶ男』の主題歌。

タイガースも大騒ぎの中、今さらの「ロカビリー」には食指が動きにくかった。

しかし、それから30数年の時が過ぎた今、この曲の歌詞をしげしげと眺めると、また新たな発見がある。一言で言えば「無国籍オールディーズの完成形」。

まずは不良少年の物語だということ。驚くべきことに歌詞カードでは「不良少年」と書いて「ロカビリー」と読ませている。これは「本気」と書いて「マジ」と読ませるよりも、相当に無理やりだと思うのだが、不良少年の物語と設定することで、チェッカーズの魅力の源である「久留米のヤンキー性」が表出する。

次に、貧しい時代を一緒に過ごした彼女のことを思い出すという設定。これはのちの《OH!! POPSTAR》とも共通するものである。さらに2番では、その彼女が死んでしまうのだ。この彼女の死というテーマは《星屑のステージ》と共通するし、また《ギザギザハートの子守唄》やのちの《Jim&Janeの伝説》における「バイク死」とも関連してこよう。

そういう、いかにもチェッカーズなアイコンを詰め合わせながら、全体が無国籍で、かつオールディーズな雰囲気で、完璧に仕立てられているのだ。

音楽的に特筆すべきは、ここでもリズムセクションである。「♪タッカ・タッカ」というシャッフルのリズムを、クロベエのドラムスと、ユウジのベースが完璧に演奏、バンド全体をぐんぐんと牽引している。聴いていて、とても心地良い。

などなど、この曲にまつわるあれやこれやを確かめながら、85年の夏、受験勉強やタイガース騒ぎ、「ロカビリー」という記号などを理由として、当時この曲を意識的に遠ざけたことを、今となって少し後悔するのだ。

1985年の夏についての補論。85年8月12日、チェッカーズは西武球場(当時)でコンサートを開催。その様子を収めたDVDが『THE CHECKERS CHRONICLE 1985 I 'Typhoon' TOUR』。この日に起きた大惨事が、**日航機墜落事故**[*3](御巣鷹山墜落事故)。いくつかの情報を総合すると、墜落寸前の飛行機は、西武球場の近くを飛行していると見られている。

1985年の冬についての補論。この年の大晦日に日本武道館で行われた「第27回日本レコード大賞」において「最優秀スター賞」に輝いたチェッカーズは、メドレーの中の1曲として《俺たちのロカビリーナイト》を披露。このときの演奏のグルーヴとカッコ良さは出色。少なくとも私が知っている範囲では「チェッカーズのカッコ良さのピーク」である。

最後に1986年春の補論。《俺たちのロカビリーナイト》は、9ヵ月のタイムラグを経て、86年3月リリースのアルバム『FLOWER』に収録された。

メンバーの自作曲も多く、また「無国籍オールディーズ」からの脱却が狙いだっただろう、この意欲的なアルバムの中で、《俺たちのロカビリーナイト》だけが、時代遅れの印象を放つ。逆に言えば、そのくらい当時のチェッカーズの成長は著しかったということだ。

*3 日航機墜落事故　85年8月12日に起きた乗員乗客合わせて524名中、520名が死亡する日本の航空史上最悪の航空事故。生存者の少女(当時12歳)がチェッカーズの大ファンだというエピソードが報道され、メンバーは病室の彼女に応援メッセージを送っている。

track 8

HEART of RAINBOW ～愛の虹を渡って～

パワー不足かなとは思うけど、
でもボクは1回のほうが気に入っている

フミヤ

雑誌のインタビューで「ダブルトラック」についての一言

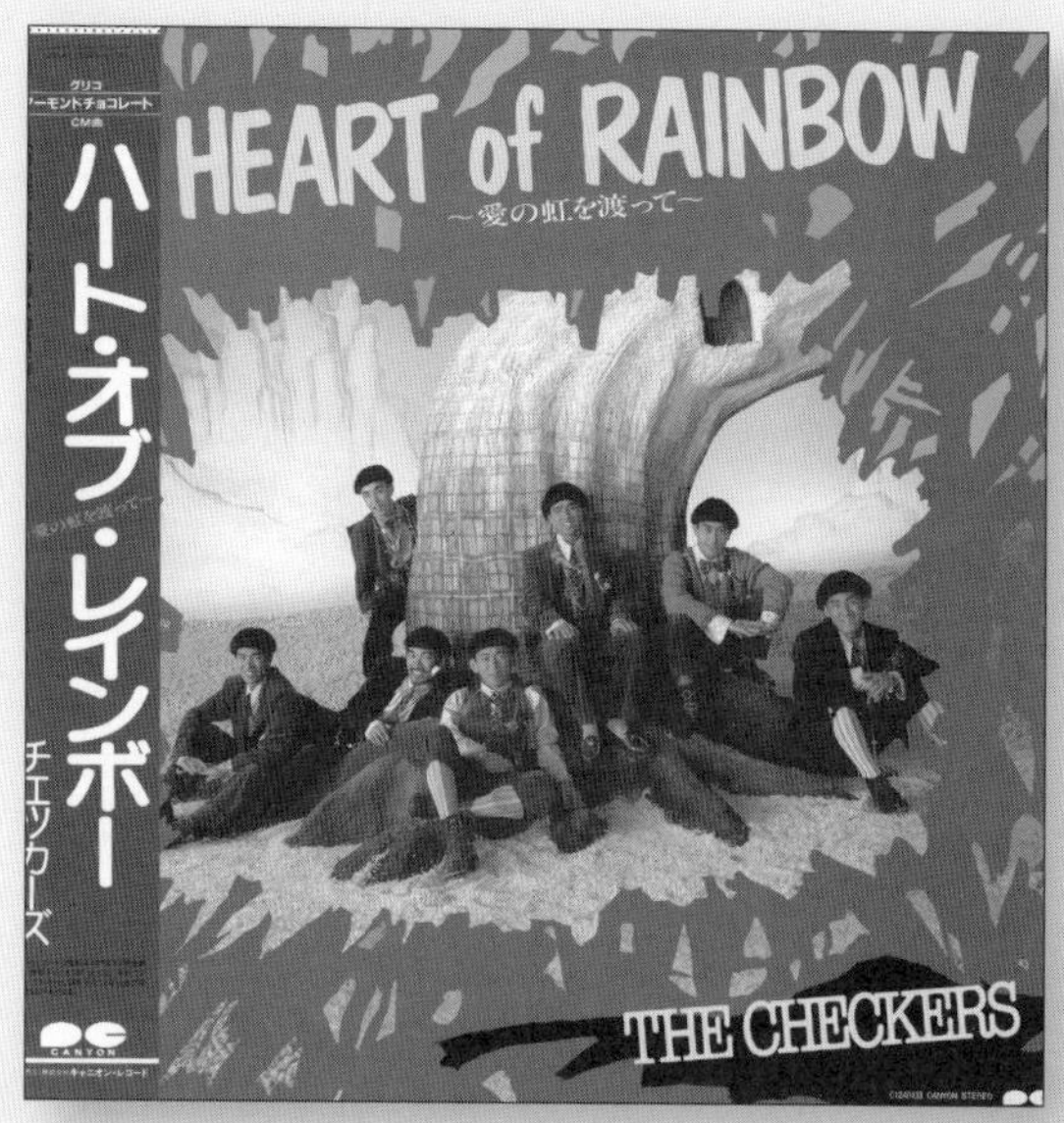

売上枚数
29.5
万枚

オリコン
最高位
1位

作詞：売野雅勇
作曲：芹澤廣明
編曲：芹澤廣明
1985年9月21日発売

フミヤのベルベットボイスを堪能できる、初の12インチシングルの秘密

売上枚数が約30万枚と、がくっと落ちている。また、約7分半と曲がやたらと長い。この2つの現象は、ある1つの事実と関連づけられている。実はこの曲は「12インチシングル」だったのである。

「12インチシングル」とは死語中の死語だろう。簡単に言えば、LPサイズの45回転シングル盤。LPサイズなのに、入っている曲が少なくなるので、1曲あたりの時間を長くすることが出来、また、LPよりも音量が大きくなったり、音質が良くなったりという副次効果があるメディアで、ディスコやクラブのDJなどのプロユース用として広がったものである。

1985年頃は、日本において、「猫も杓子も12インチシングル」という雰囲気になっていて、84年4月の佐野元春『TONIGHT』[*1]の12インチあたりはまだいいのだが、同年11月の小泉今日子『ヤマトナデシコ七変化』[*2]の12インチあたりから「猫も杓子も」感が強くなり、85年1月には、尾崎豊『卒業』[*3]という、「その曲なんかで絶対に踊らないだろう」と思われる曲の12インチが発売されたりと、何だかよくわからないことになってしまっていた。

この曲も、そういう「12インチシングル・ブーム」の便乗モノとして発売されたと思しい。ただ、そういう流行にぴょんと飛び乗る姿勢は、とてもチェッカーズらしいし、この曲は、大音量・高音質で聴くべき楽曲＝12インチシングルにする必然性がある楽曲だとも私は考えるのである。

＊1 佐野元春『TONIGHT』作詞作曲編曲・佐野元春。84年4月21日発売。EPレコードと12インチシングルの2形態で発売。売上枚数8.8万枚。

＊2 小泉今日子『ヤマトナデシコ七変化』作詞・康珍化、作曲・筒美京平、編曲・若草恵。84年9月21日にEPレコード、同年11月7日に12インチシングル発売。EPと12インチを足せば、80年代小泉のナンバーワンソングとなる。

＊3 尾崎豊『卒業』 作詞作曲・尾崎豊。編曲・西本明。85年1月21日発売。12インチシングルのみで発売された（その後89年に8センチCD、99年に12センチCDで再発売）。売上枚数（合計）20.9万枚。

（かなり）よく聴くと、これまでのシングルとは異なる、この曲の音楽的（録音的）特徴に気が付く人もいるはずだ。それは――フミヤのボーカルがシングルトラックなのである。

シングルトラックとは、ボーカルを単に1回だけ吹き込むこと。逆にダブルトラックとは、ボーカルを同じ音程（ユニゾン）で2回重ねて、声の印象をふわっとさせる手法である。

多重録音をかじった人ならわかると思うが、ダブルトラックのボーカルには、大げさに言えば、麻薬のような快感がある。音程（ピッチ）の狂いが是正出来ることに加え、倍音がきれいに揃った「同じ声によるユニゾン」は、音楽的快感に溢れているのだ（ちなみにジョン・レノンはダブルトラックが大好きで、1回のボーカル録音でダブルトラック録音が出来る機械「ＡＤＴ」を開発させたほど）。

しかし、このダブルトラックを使うと、エコーのかけすぎなどと同様、生々しい声質が隠れてしまうことになる。ここまでご紹介したチェッカーズのシングルは、基本すべてダブルトラックで録音されていたので、フミヤの艶っぽい声の魅力を味わいにくかった。唯一、《涙のリクエスト》ではシングルトラックも併用されているが、残念ながら、《涙のリクエスト》のときのボーカルのコンディションは良くなかった。

この「ダブルトラック問題」について、フミヤ自身が語っている珍しいインタビューがあるので、ご紹介したい。

＊4 サザンオールスターズ『KAMAKURA』 サザンオールスターズ8枚目、グループ初の2枚組オリジナルアルバム。85年9月14日発売。売上枚数は95.3万枚。明石家さんまが出演したCMが話題を呼んだ。

――これまでのシングルってボーカルを全部ダブらせて歌ってたんだけど、今回（著者註：アルバム『毎日!!チェッカーズ』収録の《スキャンダル魔都》のこと）、1回だけにしたの。R&Rって基本的にはそうだけど、日本人っていうのは、1回歌ったところにもう1回歌をかぶせるわけ。それをしなかったから、シングルよりパワー不足かなとは思うけど、でもボクは1回のほうが気に入っている（CBS・ソニー出版『PATi・PATi』85年9月号）

話が長くなったが、とにかくこの12インチシングルは、フミヤの艶っぽい声が、余計な装飾なしで、生々しくミキシングされた、実質的に初めてのシングルなのである。やや音程が甘い気がするが、それを補って余りあるフミヤのギンギンの声量と、キラキラしたベルベットボイス！

と、やたらと盛り上がった書き方をしてしまったが、そんな盛り上がりで、このシングルを買った人は少なかっただろう。私も今回聴き直して改めて痛感したことを、ここに書いている。

そして当時は、グリコ・アーモンドチョコレートのCMソングとして聴いて「可愛い曲だなぁ」と思い、「サザンオールスターズ[＊4]のニューアルバム『KAMAKURA』のついでとして買っておこうか」くらいの意識だった。

グリコ・アーモンドチョコレートのCMは、今でも動画サイトで見ることできる。メンバーのつくしん坊のような髪型が異常に可愛い。前頁のジャケットを参照されたい。

track 9

神様ヘルプ!

「フミヤ君、新しい髪型の評判どうですか？
ファンの人たちに―― 古舘伊知郎
大ヒンシュクですよ。でも、
知ったこっちゃないですね―― フミヤ

「夜のヒットスタジオ」のトークで」

売上枚数 35.2 万枚

オリコン最高位 1位

作詞：康珍化
作曲：芹澤廣明
編曲：芹澤廣明
1985年11月1日発売

「ネオGSとしてのチェッカーズ」を最も体現
フミヤと沢田研二の共通点とは？

まさに向かうところ敵無しだった「１９８５年のチェッカーズ」のシングルの最後を飾る曲である。

今回は「パロディバンド」としてのチェッカーズを考えてみたい。「パロディバンド」と言ってしまうと、日本では「コミックバンド」のような響きを持ってしまうが、ここで言う「パロディバンド」とは「過去の音楽家や音楽スタイルを、批評的に模倣するバンド」という意味である。

この《神様ヘルプ！》でパロディ化されている対象は、グループサウンズ（GS）である。ザ・スパイダース、ジャッキー吉川とブルー・コメッツ、ザ・タイガース、ザ・テンプターズなど、60年代後半の日本における「バンドブーム」の中で一世を風靡したバンド群である。

まず《神様ヘルプ！》というタイトルから想起するのは、ザ・テンプターズ『神様お願い！』[*1]だ。「神様」から始まって「！」で終わるというタイトルの構造がそっくりである。

ザ・テンプターズは、ボーカルに萩原健一（ショーケン）を擁した大人気GS。GSには、実は甘ったるい少女趣味的な曲が多かったのだが、この『神様お願い！』はソリッドなロックンロールで、ロックファンの中にもファンが多い曲だった。KUWATA BANDもカバーしている。

＊1　ザ・テンプターズ『神様お願い！』作詞作曲・松崎由治。68年3月5日発売。売上枚数は43.1万枚。

＊2　ザ・タイガース『君だけに愛を』　作詞・橋本淳、作曲編曲・すぎやまこういち。68年1月5日発売。売上枚数は39.7万枚。

そう言えば、デビュー曲《ギザギザハートの子守唄》のギターソロは、ザ・テンプターズ『エメラルドの伝説』のギターソロとそっくりで、そう考えると、芹澤廣明の頭の中には当初から、「チェッカーズ＝テンプターズ」という発想があったのかもしれない。

しかし、より直接的に《神様ヘルプ！》と関係していると思うのが、**ザ・タイガース『君だけに愛を』**である。

特に《神様ヘルプ！》のクライマックスである、サビの「♪（神様）ヘルプ！ヘルプ！ヘルプ！ヘルプ！」のリフレインと、『君だけに愛を』の「♪君だけに」のリフレインは、「人気の頂点にいたバンドによる、少女ファンをキャーキャー言わせることを過剰に意識した、キャッチーなリフレイン」という意味で、まさにそっくりである。

また、ザ・タイガースのジュリー＝沢田研二とフミヤにも、共通点は多い。

- **西日本出身**
- **ボーカリスト**
- **柔らかくて甘いベルベットボイス**

そもそも、80年代において、統一されたデザインのファッションに身を包んでいる時点で、とてもGS的である。つまりチェッカーズは、アイドルやニューミュージック全盛の音楽シーンに対するアンチテーゼとして、「GSパロディ」という方法論をふりかざして、天下を取ったのだ。そんな「ネオGSとしてのチェッカーズ」を最も体現する曲が《神様ヘルプ！》なのである。

このあたりを平たく言えば「少女ファンをキャーキャー言わせることを過剰に意識したバンドの復権」ということになろう。

1点だけ、GSとチェッカーズの違いを言えば、長髪全盛だったGSに対して、当時のチェッカーズの髪型は、ご存じの通りの独創的な髪型だったという点である。しかし《神様ヘルプ！》の頃、フミヤの髪型は、俗に「おばさんパーマ」と揶揄（やゆ）された、ちょっと長めの状態になっていて、そういう意味でもこの時期、チェッカーズはGSに限りなく近づいていた。

最後に余談。フミヤの「おばさんパーマ」は、彼の「髪型史」の中で、私が最もかっこいいと思うものである（異論は認める）。かっこいいと思い過ぎて、後年自分でもチャレンジをしてみた。美容院で出来上がった髪型を見た瞬間の気持ちはまさに――「神様ヘルプ！」。

オリジナルアルバム紹介

2nd

『MOTTO!! CHECKERS』

1984年12月5日発売

『MOTTO!! CHECKERS』

❶ **今夜はCまでRock'n' Roll**
作詞：藤井郁弥　作曲・編曲：芹澤廣明

❷ **哀しくてジェラシー**
作詞：売野雅勇　作曲・編曲：芹澤廣明

❸ **スノー・シンフォニー**
作詞：売野雅勇　作曲：武内享　編曲：芹澤廣明

❹ **恋のGO GO DANCE!!**
作詞：藤井郁弥　作曲：大土井裕二　編曲：チェッカーズ

❺ **Lonely Soldier**
作詞：藤井郁弥　作曲：藤井尚之　編曲：芹澤廣明

❻ **星屑のステージ**
作詞：売野雅勇　作曲・編曲：芹澤廣明

❼ **24時間のキッス**
作詞：売野雅勇　作曲：芹澤廣明
編曲：芹澤廣明・チェッカーズ

❽ **ジョニーくんの愛**
作詞：藤井郁弥　作曲：武内享　編曲：チェッカーズ

❾ **Jukebox センチメンタル**
作詞：売野雅勇　作曲・編曲：芹澤廣明

❿ **ティーンネイジ・ドリーマー**
作詞：売野雅勇　作曲・編曲：芹澤廣明

1986

激動。

いよいよバブル景気に突入したこの年。4月からは男女雇用機会均等法が成立。ボディコンブームとともに、女性主導の恋愛観が当時の音楽にも反映され始めた。そしてこの年、チェッカーズは《NANA》を皮切りに、メンバーオリジナルのシングルで勝負していく第2期に突入した。

この年の日本レコード大賞（第28回）は『DESIRE -情熱-』（中森明菜、ベストアーティスト賞も同時に受賞）、アルバム大賞は『SUPREME』（松田聖子）、最優秀歌唱賞は『北の漁場』（北島三郎）、最優秀新人賞は『仮面舞踏会』（少年隊）。年間売上ベスト3は、1位・中森明菜（48.9億円）、2位・レベッカ（46.2億円）、3位・渡辺美里（43.9億円）。チェッカーズは、4位・安全地帯、5位・KUWATA BANDに続き6位（30.7億円）だった。

track 10

OH!! POPSTAR

あなたこの曲ではギターを
弾くということになっているんですって？

黒柳徹子

「ザ・ベストテン」初登場のときにナオユキに問う

売上枚数
35.4
万枚

オリコン
最高位
2位

作詞：売野雅勇
作曲：芹澤廣明
編曲：芹澤廣明
1986年2月21日発売
＊映画『タッチ 背番号のないエース』挿入歌

芹澤廣明の渾身のアレンジが光る、チェッカーズ・ミーツ・リバプールサウンド

売上枚数は《神様ヘルプ！》から微増、しかしついに《哀しくてジェラシー》から続いた、オリコンチャート連続1位記録がストップする。そして、賑やかに騒がしい、激動の「１９８６年のチェッカーズ」が始まる――。

と、そんなきな臭い触れ込みは一旦措いておき、この曲について、私の率直な感情を伝えれば「好き！」。少なくとも、ここまでのシングルの中では一番好きだ。

その理由として、まずはギターサウンドが前面に出ていること。ナオユキ（藤井尚之）というメンバーがいることから、チェッカーズの音作りには「サックスの呪縛」が強かったのだが、ここでそんな呪縛から解放され、リバプールサウンド的な、新たな音世界を手に入れている。

ちなみに、そうなった理由は実につまらないもので、サイト「リマインダー」に掲載された佐々木美夏氏のコラムによれば、レコーディング前にナオユキが西麻布の横断歩道でタクシーにはねられて腕を骨折し、サックスが吹けなくなったからだという――まさに怪我の功名（？）。

チェッカーズ・ミーツ・リバプールサウンド。演奏もいよいよ安定感を増している。相変わらず素

晴らしいクロベエのドラムスと、ユウジのベースの上で、ウェルメイドなギターアレンジが光っている。自身が手がけるチェッカーズのシングルが残り2枚となっていることを予感しているような、芹澤廣明の渾身のアレンジと言えよう。

また、フミヤのボーカルも、ダブルトラックではなくシングルで心地良い。芹澤廣明も、さすがに「もう声をダブらせなくてもよい」と思ったのだろう。フミヤの伸びのあるボーカルが楽しめる。またシングルジャケットのフミヤは、私の好きな「おばさんパーマ」だ（この後、すぐに切ってしまうが）。

しかし、それより何より、この曲の魅力は歌詞にある。一言で言えば――「ポップスターのメタ世界」。つまり、相変わらずの「無国籍オールディーズ」の世界なのだが、歌詞に登場する男性が、チェッカーズのメンバー自身を描いたような設定なのである。

まずもって「POPSTAR」だから、チェッカーズそのものである。しかし歌詞の中では「悲劇のポップスター」と形容される。というのは、「ポップスター」になる前、アマチュア時代に連れ添った彼女と別れてしまうからである。

「屋根裏の部屋」に2人は暮らしていた。そして自分（のちのポップスター）が「ギター弾ける仕事見つけた」までは良かったが、売れていく中で、彼女とは疎遠になっていく。シビれるのは、ポップスターに成り上がった自分が写っている街角のポスターを、その彼女がブーツの先で蹴って破るシーンだ。そして自分は歌う——「♪誰のために歌えばいいの？」

つまりはこの歌詞、チェッカーズ自身の経験に基づいて書かれている「ような」感じで作られているのである。「ポップスターのメタ世界」という発明。この瞬間に、ここまでしつこく書いてきた「久留米のヤンキー性」と商業主義が、見事に融合するのである。

そう言えば、久留米ロック界の大先輩＝鮎川誠率いるシーナ&ザ・ロケッツによる、同じく「ポップスターのメタ世界」を描いた『ピンナップ・ベイビー・ブルース』[*1]という名曲がある。《OH!! POPSTAR》は、そこからインスパイアされたものかもしれない。

最後に、この曲の魅力をさらに高める情報をお教えしたい。この曲のリリースの4年後＝90年の6月、フミヤは結婚する。お相手は何と幼なじみの女性。その情報から、また「メタ世界」を発動して妄想すればいいのだ——「フミヤは自分のポスターを蹴り破った女性と再会して結婚できたのか！　良かった！」と。

＊1　シーナ&ザ・ロケッツ『ピンナップ・ベイビー・ブルース』　作詞・糸井重里、作曲編曲・鮎川誠。81年7月21日発売。

track 11

Song For U.S.A.

……しかし、
ある日からどうもうまくいかなくなりました。
そして人々の夢はもう手の届かないところへ
行ってしまったようでした。

本曲のPVの冒頭に流れる言葉

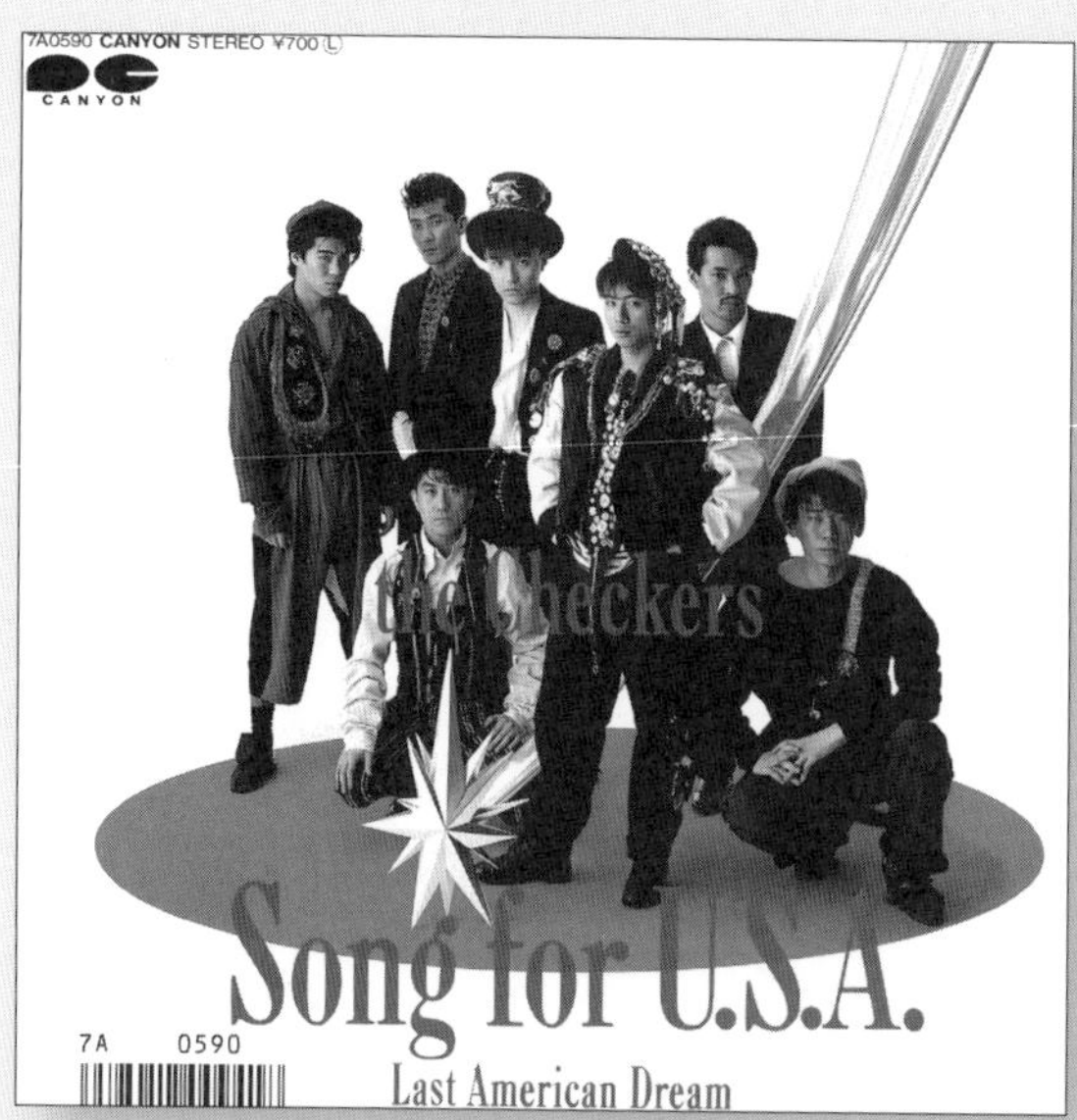

売上枚数
32.6
万枚

オリコン
最高位
1位

作詞：売野雅勇
作曲：芹澤廣明
編曲：芹澤廣明
1986年6月5日発売
*主演映画第二弾
『Song For U.S.A.』主題歌

いつしか、追いかけられる存在になった　チェッカーズ第一期の終焉に相応しい風格

私は当時、この曲を人前で演奏したことがある。歌ってはいない。アコースティック・ギターで伴奏したのだ。

大学に入って上京。知り合いも友達もいないので、意志薄弱に、興味もない英会話サークルに入り、長野のどこかで行われた、サークル夏合宿の宴会で、同じく新入生の男子と一緒に、この曲を披露することとなったのだ。

このエピソード自体はつまらない私事だが、あえて評論家っぽい説明をつければ、「1986年夏の段階で、チェッカーズが大学生の中で歌われる存在になっていた」という点に注目してほしい。

さすがに《涙のリクエスト》や《ジュリアに傷心》の頃だと、東京の私立大学のサークル合宿では、子どもっぽさが過ぎて、歌われにくかったのではないか（「ネタ」としてなら歌われたかもしれないが）。しかし、人気を安定させながらチェッカーズは、上の層にもジワジワと浸透し、この段階では「大学生でもＯＫ」という、一種の「風格」を手に入れていたと思われる。私のギターも、多少の喝采を得たと記憶する。

さて、この曲で「売野雅勇×芹澤廣明」コンビによるシングルは最後となる。

チェッカーズの活動を2つに分けるとすれば、明らかにこの曲が「第1期」の終焉に相応しい。やたらと派手派手しい「第1期」の活動の中で彼らは、「大学生でもＯＫ」というポジションにまで、

せり上がっていった。

ここでいい機会なので、爆発的に盛り上がった「第1期チェッカーズ」の総合的な功績について、整理しておきたい。

1つ目は、やや大げさな言い方になるが、「モダニズムの放棄」である。

それまでの日本のポップス界は、より新しいもの、よりカッコいいものを追い求め続けてきた。「新しい・カッコいい」は「洋楽っぽい」と翻訳してもいい。より洋楽に近いものを追い続けてきた歴史。しかしチェッカーズの音楽には、そのような洋楽コンプレックスが感じられない。むしろ「無国籍オールディーズ」という、時代性から隔絶された音楽世界を、確信犯的に狙って作られている。日本のポップス界が支配していた「モダニズムとしての洋楽コンプレックス」から、決定的に自由だった。言い方を変えれば、「ポップスの自給自足時代」の到来である。アメリカやイギリスからの途方もない距離を自覚したポップス。日本人が作り、日本人が聴くことで完結する自給自足ポップスが、チェッカーズにおいて完成したのである。

2つ目に「パロディバンド性の確立」。

チェッカーズの7人は、地ではなく、チェッカーズという配役を「演じている」気配があった。

＊1 小泉今日子『なんてったってアイドル』作詞・秋元康、作曲・筒美京平、編曲・鷺巣詩郎。85年11月21日発売。売上枚数28.4万枚。

「チェッカーズ」という書き割りに、半笑いで収まっている感じがした。

言わば「日本初のパロディバンドとしてのチェッカーズ」である。それまでの日本のバンドは、おしなべて半笑いではなく本気だった。グループサウンズしかり、ニューミュージックのバンドしかり。チェッカーズが愛したキャロルなどは、今聴けば、明らかにパロディ・ロックンロール・バンドだが、当時は、ロックンロールを突き詰めるマジなバンドだった。

対してこの時代、女性アイドル界には小泉今日子がいた。アイドルでありながらアイドルをパロディ化した『なんてったってアイドル』[＊1]を歌ったキョンキョン。小泉今日子とチェッカーズ、この2組が、音楽界と芸能界を茶化し、相対化し、パロディ化した。そして、70年代からの重苦しい空気はやっと一掃され、いかにも80年代的な軽やかな風がシーンに吹き始めたのだ。

《神様ヘルプ！》の項でも書いたように、「パロディバンド」と言うと「コミックバンド」と読み替えられがちだが、ここで言う「自らの存在を相対化したバンド」という意味での「パロディバンド」はかなり意味が違ってくる。要するに、ビートルズまでも包含される概念となる。

そして最後に「ビジュアル先行のマーケティング」。

「第1期チェッカーズ」の成功要因として、ヘアスタイルやファッション、ビジュアルワークの功績は巨大である。ある意味、音楽性よりも大きいと思うし、日本のポップス史の中で、ビジュアルワークがこれほど機能した音楽家は珍しいと思う。

秋山道男、本多三記夫、奥村靫正に加えてスタイリストの堀越絹衣[*2]。

この豪華なメンバーが作り上げた、世界中のどこにもない、でも当時の日本中の女の子に痛烈に刺さった、あのキラキラした7人の姿——。

この年の12月に発売されたパンクパンド、ラフィンノーズ[*3]のアルバム『LAUGHIN' ROLL』の1曲目に『Song For U.S.A（20世紀に気をつけて）』という同名異曲が収録された。ラフィンノーズのリーダーのチャーミーは当時「この曲はチェッカーズに対するアンサーソングだ」と発言していたという。「大学生でもＯＫ」となった半面、パロディバンドがパロディ化され始めたのだ。

時は熟した。「第1期チェッカーズ」の役目は終わった。もういいだろう。十分だろう。

次のシングルからチェッカーズは、自分たちで曲を作り始め、そして「第2期チェッカーズ」の幕が切って落とされた。そしてどうでもいい話だが、私はその英会話サークルを辞めた。

＊2 堀越絹衣（ほりこしきぬえ）　スタイリスト。チェッカーズ、小泉今日子ほか数々のアーティストや映画作品を担当し、現在も乃木坂46などを手掛ける大御所。

＊3 LAUGHIN'NOSE（ラフィンノーズ）『LAUGHIN'ROLL』　LAUGHIN'NOSE3枚目のオリジナルアルバム。85年11月21日発売。

『毎日!!チェッカーズ』

1985年8月21日発売

『毎日!!チェッカーズ』

❶ クレイジー・パラダイスへようこそ
作詞：売野雅勇　作曲：藤井尚之
編曲：チェッカーズ・芹澤廣明

❷ Summer Rain
作詞：藤井郁弥　作曲：藤井尚之　編曲：チェッカーズ

❸ ジュリアに傷心（ハートブレイク）
作詞：売野雅勇　作曲・編曲：芹澤廣明

❹ 湾岸物語（ハングリー・アイズ）
作詞：売野雅勇　作曲：鶴久政治
編曲：チェッカーズ・芹澤廣明

❺ Marry Me Tomorrow
作詞：藤井郁弥　作曲：武内享
編曲：チェッカーズ・芹澤廣明

❻ P.M.9:00のシンデレラ
作詞：藤井郁弥　作曲・編曲：芹澤廣明

❼ You Love Rock'n Roll
作詞：藤井郁弥　作曲：藤井尚之　編曲：チェッカーズ

❽ ジェイルハウス・ラヴ
作詞：売野雅勇　作曲：武内享　編曲：チェッカーズ

❾ スキャンダル魔都（ポリス）
作詞：売野雅勇　作曲・編曲：芹澤廣明

❿ 哀しみのヴァージン・ロード
作詞：売野雅勇　作曲・編曲：芹澤廣明

track 12
NANA

「最近は色っぽい歌が消えた。
腰から下がない(笑)。
藤井フミヤ
2018年12月16日 35th ANNIVERSARY TOURのMCにて」

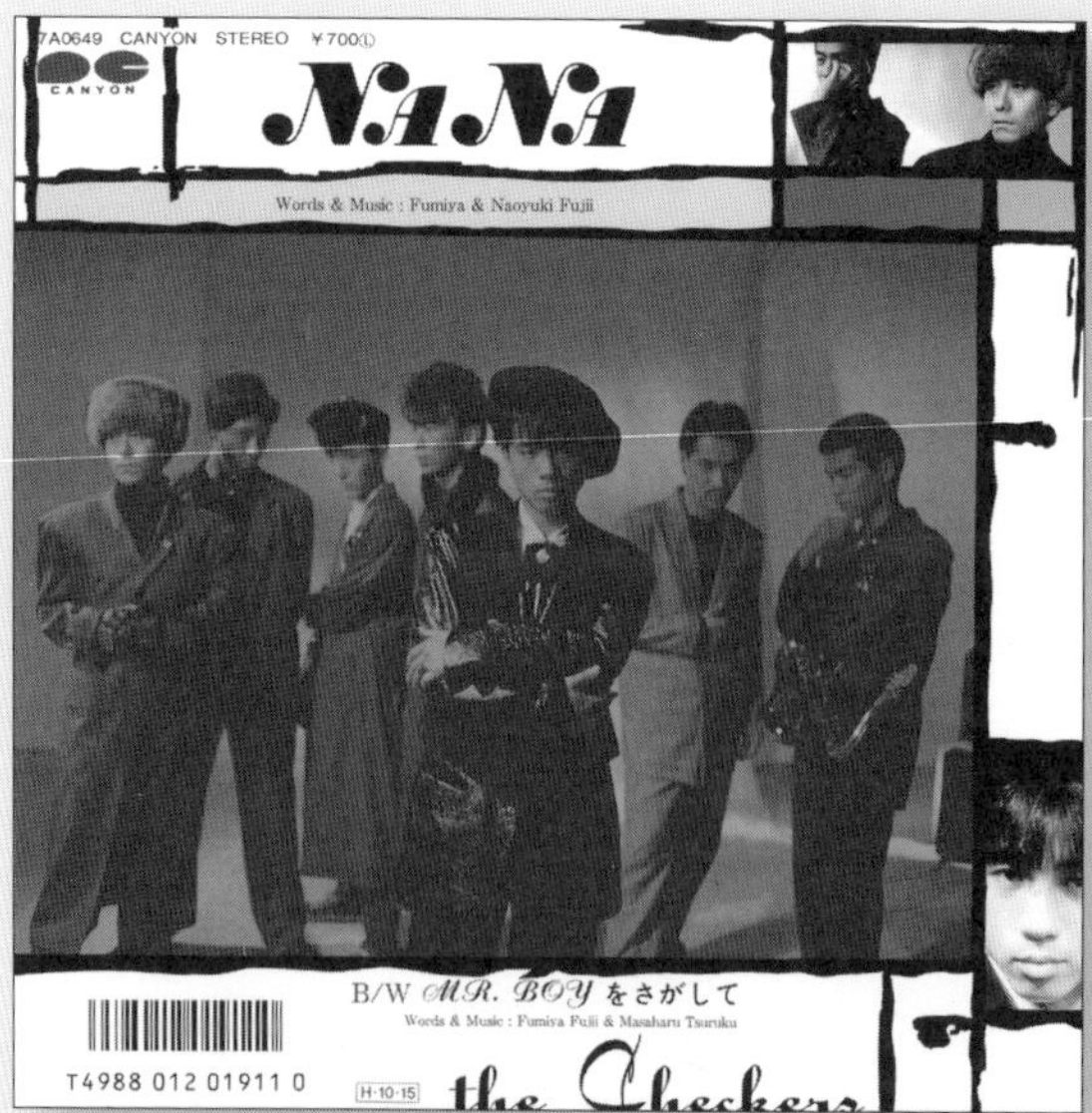

売上枚数
24.3
万枚

オリコン
最高位
2位

作詞：藤井郁弥
作曲：藤井尚之
編曲：チェッカーズ，八木橋カンペー
1986年10月15日発売

クロベエとユウジのリズム隊が洗練されたグルーヴィーな第2期の幕開け！

「わぉ、俺たちの歌がシングルになったぜ！」――そんなメンバーの喜びが、ビンビンと伝わってくる曲である。

アルバムでは、この1986年の3月に既に、収録曲（10曲）の半分（5曲）を自作曲が占める傑作アルバム『FLOWER』を発表している。自作曲の作詞はすべてフミヤで、作曲がナオユキ（2曲）、マサハル、ユウジ、トオル（武内享）で分け合っている。中でも、ナオユキ作曲の《Long Road》とトオル作曲の《時のK-City》は、チェッカーズ史を代表する水準にある。

しかし、シングルではこの曲が最初となる。作曲に選ばれたのはナオユキ。「第2期チェッカーズ」の始まりだ。

先に売上枚数の話をしておけば、普通の（＝12インチではない）シングルとして、初めて30万枚を切っている。また12インチ形態だった《HEART OF RAINBOW～愛の虹を渡って～》でさえ29・5万枚売っていたので、それすらも下回ったこととなる。つまり、「売野雅勇×芹澤廣明」という黄金コンビの手を離れて売上を落としてしまうという、予測された危険事態が確実に起きていたのだ。

それでも聴き手の側からは、そんな危なっかしさは、ほとんど感じなかった。むしろ「わぉ、俺たちの歌がシングルになったぜ！」という感じの自由さを全身に表した、メンバーの姿がまぶしかっ

＊1　「キュート・ビート・クラブ・バンド」（C.B.C.B）　チェッカーズの変名バンド。フミヤは Hellow Fujii、トオルは Crazy Tohru、タカモクは Elegant Moku、ユウジは Route Yuji、マサハルは Special Tsuruku、クロベエは Knight Yoshiya、ナオユキはEvally Fujiiと名乗っていた。1985年に企画アルバムとして『親愛なるジョージ・スプリングヒル・バンド様』を限定発売。

たほどだ。まぶしすぎて、《OH!! POPSTAR》的な「パロディバンドとしてのチェッカーズ」に慣れ始めた大学生としては、残念な思いも強かったのだが。

残念な思いは、自作に舵を切った結果として、パロディという書き割りの世界からメンバーが脱出、「個としてのチェッカーズ」が、前面に出てきたことからも発していた。

私が当時、この曲の歌詞から感じ取ったのは、西麻布という街の風景である。もう少し具体的に言えば、西麻布（当時はまだ「霞町」と呼ぶ大人も多かった）のカフェバーで、他の芸能人と夜な夜な飲んだくれているイメージである。

そう言えば、タイトルとなった「NANA」も当時、ある女性アイドルのことだと噂されたと記憶する。その真偽はともかく、チェック柄のコスチュームを脱ぎ捨てた7人は、夢の世界から西麻布という現実に降り立ち、芸能人と飲んだくれ、戯れる男たちとなったのである。

夢から現実へ。この転換は、普通なら聴き手への距離が近づいたということになろう。しかし、このときのチェッカーズは、むしろ聴き手からの距離が遠のいたというイメージだった。それほどに当時の西麻布的な世界観はその頃の大学生には空想の産物だったし、またそれほどに「第1期チェッカーズ」に対して、ある強烈なリアリティを感じていたのだ。

しかし、何を言っても始まらない。チェッカーズはもう「第2期チェッカーズ」に突入してしまったのだから。

その「第2期チェッカーズ」は、音作りにおいても大きく変化した。演奏が、やたらとグルーヴィになったのだ。言い換えれば、ここまで何度も繰り返してきた、クロベエのドラムスと、ユウジのベースというリズム隊が、いよいよ前面に出張ってきたのである。

この曲では特にユウジのベースだ。『チェッカーズBEST』というアルバムには、この曲のカラオケが収録されているのだが、それを聴けば、ユウジのベースが主役で、そのバックで他のメンバーがカラオケを弾いているようにさえ聴こえてくる。それくらいユウジのベースは強く主張している。

Bメロ「♪思い出に流れていく涙は〜」のパートのベースに、耳をそばだててほしい。ガリガリとしたベースの音が、それまでよりも強烈に主張していることがわかると思う。当時のユウジのベースプレイについては、この前年（85年）に、チェッカーズが演じた**覆面バンド「キュート・ビート・クラブ・バンド」**[*1]のプロジェクトで出会った**後藤次利**[*2]の影響が大きかったと、ユウジ氏本人も本書収録の対談で語っている。

そんなこんなで、音楽的には充実。しかし繰り返すが、「久留米のヤンキーから西麻布の芸能人となった7人が、芸能人たちと飲んだくれ、戯れる日常を歌う」というフォーマット自体が、数ヵ月前に《Song For U.S.A.》をギターで弾いた身としては、とてもとても、そう簡単に馴染めるものではなかった。

このままチェッカーズは、遠い存在になっていくのかと、あきらめ始めてもいたのだが、事態はそう単純には進行しなかった。

＊2 後藤次利（ごとうつぐとし）　1952年生まれ。ベーシスト、作曲家、編曲家、音楽プロデューサー。作詞・秋元康、作曲・後藤次利というゴールデンコンビでとんねるずやおニャン子クラブに数多くのヒット曲をもたらした。

オリジナルアルバム紹介

4th

『FLOWER』

1986年3月30日発売

『FLOWER』

❶ **Free Way Lovers**
作詞：藤井郁弥　作曲：藤井尚之　編曲：チェッカーズ

❷ **Two Kids Blues**
作詞：藤井郁弥　作曲：鶴久政治　編曲：チェッカーズ

❸ **君はRock-A-Ballade**
作詞：売野雅勇　作曲・編曲：芹澤廣明

❹ **Missアニーの証言**
作詞：藤井郁弥　作曲：大土井裕二
編曲：チェッカーズ　管アレンジ：矢島賢

❺ **One Night Angel**
作詞：売野雅勇　作曲：芹澤廣明
編曲：矢島賢・矢島マキ

❻ **俺たちのロカビリーナイト**
作詞：売野雅勇　作曲・編曲：芹澤廣明

❼ **Long Road**
作詞：藤井郁弥　作曲：藤井尚之　編曲：チェッカーズ

❽ **悲しきアウトサイダー**
作詞：売野雅勇　作曲：芹澤廣明
編曲：矢島賢・矢島マキ

❾ **LADY-M.を探せ**
作詞：売野雅勇　作曲・編曲：芹澤廣明

❿ **時の K-City**
作詞：藤井郁弥　作曲：武内享　編曲：チェッカーズ

1987

自由。

バブル景気が膨張を続け、日経平均株価が終値で初めて2万6000円を突破したこの年、NTTが携帯電話サービスを開始。第一号機「TZ-802型」は体積500cc、重量約900gというシロモノだった。

前年、メンバーオリジナルのシングルを発表し第2期へと突入したチェッカーズは、テレビ番組出演時のファッションも、アイドルから大人のバンドへと変遷していき、重い荷物を降ろしたような自由さが煌いていた。一方、音楽業界全体ではシングル曲の売り上げが低迷した。同時に、演歌勢は好調で年間売上トップ10のうち、実に4曲が演歌であった。

この年の日本レコード大賞（第29回）は『愚か者』（近藤真彦）、アルバム大賞は『LICENSE』（長渕剛）、最優秀歌唱賞は『女の駅』（大月みやこ）、最優秀新人賞は『キミはどんとくらい』（立花理佐）。年間売上ベスト3は、1位・中森明菜（42.0億円）、2位・安全地帯（33.0億円）、3位・荻野目洋子（32.2億円）。

track 13

I Love you, SAYONARA

「プレッシャー……っていうんでもないけど、
もっといい曲を書かなきゃっていう
意識もあるからね。
ユウジ」

売上枚数
25.8
万枚

オリコン
最高位
2位

作詞：藤井郁弥
作曲：大土井裕二
編曲：THE CHECKERS FAM.
1987年3月5日発売
＊SEIKO「アベニュー」CMソング

チェッカーズが本格的な低迷期を迎えずに最後まで走りきれた理由

「第2期チェッカーズ」を代表する1曲だと思う。前シングルの《NANA》から、売上枚数は少しだけ持ち直した。その理由として、《NANA》との世界観の違いがあると思う。そしてこちらの世界観の方が、当時のチェッカーズには似つかわしかったのではないか。

個人的な解釈で言えば、《NANA》の風景が西麻布の深夜のカフェバーだったとすると、こちらは外苑西通りをぐぐっと上がった新宿の平日朝のネオン街という感じがする。また登場する女性も、「バージンのように怯え」る「NANA」ちゃんに対して、こちらは、自分の意志で男性と別れ、新宿の「ネオンへ消え」ていく凛とした女性という感じがして、好感が持てる。

難を言えば、タイトル「I Love you, SAYONARA」がちょっとダサく感じるのだが（余談だが「Love」は大文字で始まり「you」はすべて小文字、「SAYONARA」はすべて大文字）、それにも、チェッカーズの手作り感が溢れていて憎めないのだ。

チェッカーズとそのスタッフのクレバーさはこのあたりにある。

つまり、《NANA》と《I Love you, SAYONARA》の、このような世界観の違いを、（おそらく）意識的・戦略的に打ち出していることのバランスを取るクレバーさ。マンネリズムを回避する、このようなクレバーさがあって初めて、「解散まで本格的な低迷期を迎えなかった稀有なバンド」になれたのだと思う。

作曲は、当時のチェッカーズにおける音楽的キーパーソンだったユウジ。やたらとキャッチーなサビも含め、コンテンポラリーでかつ「売れる音」になっている。

これだけの曲が書けるのだから、ここから「作詞:藤井郁弥、作曲:大土井裕二」のソングライターチームが固定されるのかと思いきや、ユウジ作曲の次のシングルは、91年の《Love'91》まで待たねばならず、また5月に発売されるアルバム『GO』でも、《I Love you, SAYONARA》以外にユウジ作曲の曲は収録されなかった。

そのあたりのいきさつに関して、ユウジ本人が語っているインタビューがある。

――やっぱりメンバーだけでシングルや、アルバム出すのって、ひとつの夢だったたし、「I Love you, SAYONARA」は自分でも意外に気に入ってて、おかげさまで売れたし、だから、そのプレッシャー……っていうんでもないけど、もっといい曲を書かなきゃっていう意識もあるからね。なかなか、次の発表作品ができない。今回のアルバムに、オレの曲が入ってないのは、そういう理由がありまして（CBS・ソニー出版『PATi・PATi』87年6月号）

いい曲が作れないという不安感も感じさせるが、それよりも、非常に健康的な創作環境にいることを感じさせる、ポジティブな印象の方が強い発言だと思う。「第2期チェッカーズ」の滑り出しには、作曲や演奏で、メンバーが切磋琢磨する環境があったのだろう。

実は、このインタビューによれば、「第1期チェッカーズ」の末期、メンバーがかなり煮詰まった状態にあったことが告白されている。その反動もあっての、健康的な「第2期チェッカーズ」だったのではないか。

——フミヤはよく髪型を変えるし、すごく汚いアタマしてたときあったでしょ。こぉんな。（と耳の脇で指をヒラビラ動かす。すなわち、オバサン・ヘアと呼ばれていたソバージュの頃のこと）あの頃って、ナオユキはヒゲ生やして、他のヤツも髪のばして……重苦しい感じがしてなかった？（略）やっぱり、すごく煮つまってたときだったんだよね（同）

やはりフミヤのあの髪型は、メンバーからも評判が良くなかったようだが（あれを良しとした私の感覚はおかしかったのか）、それはともかく、重苦しさから抜け出して、気力を充実させたメンバーの雰囲気がうかがえるインタビューである。

当時私は大学2年生になる春。西麻布は遠かったが、新宿あたりは平気な顔で歩けるようになっていた。西麻布の「NANA」ちゃんには会える感じがしなかったが、新宿のネオンへと消えていく凛とした女性とは、もしかしたらすれ違っていたかもしれない。

少し遠くに感じたチェッカーズが、またちょっとだけ自分の方に戻ってきた感じで、この曲を聴いていた。

track 14

WANDERER

楽器陣に力がついて、
スカスカな音でも十分に聞ける。

マサハル

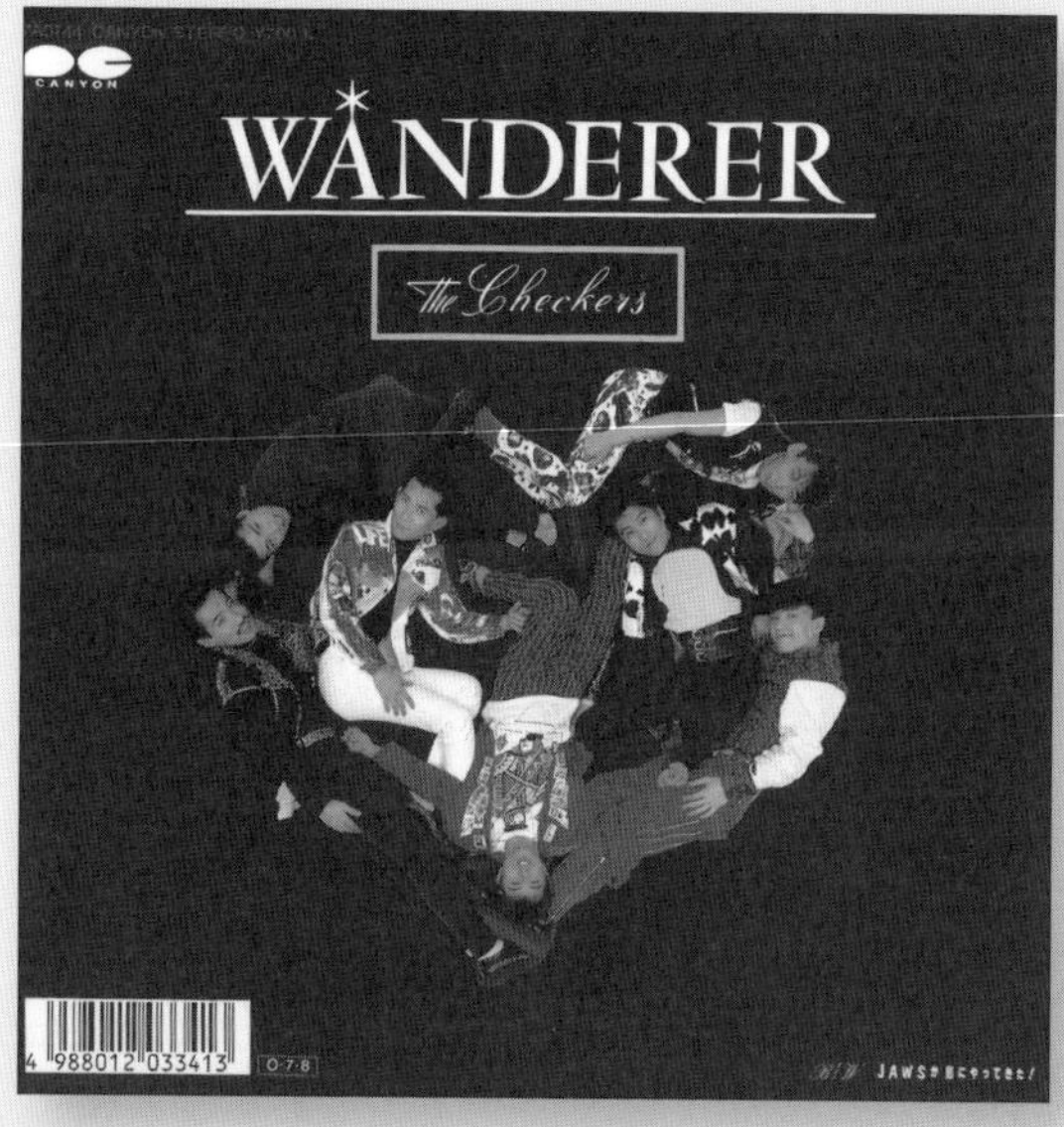

売上枚数
20.5
万枚

オリコン
最高位
1位

作詞：藤井郁弥
作曲：鶴久政治
編曲：THE CHECKERS FAM.
1987年7月8日発売

オリジナルへの移行をキッカケに、メンバーの音楽性が切磋琢磨されていく。

——才能があると考えたメンバーは、師匠（著者註：芹澤廣明）に何も言わず、「これからはオリジナルでいく」と宣言した。当時のＶＴＲ見れば、リーダーもフミヤもカッコいいこと言っているが、あれはすべて俺からしたら、嘘のかたまり。もちろん、この俺に関しても。師匠から離れたかった一番の理由は、「か・ね」それだけだ（高杢禎彦『チェッカーズ』新潮社）。

タカモクに言わせれば、メンバーのオリジナルへの移行は、単なる金のためだったということになる。確かに、オリジナルにすることで、当時から現在に至るまで、作詞者・作曲者には、かなりの印税が発生しているはずだ。

しかし私は、オリジナルへの移行によるプラス面を、収入の話以外にも、もう少し大きく捉えている。もし１９８６年以降も、あの「無国籍オールディーズ」路線を続けていれば、早晩飽きられていただろう。逆に、やや生硬さを残しつつも、80年代後半、バブルに向かう東京の空気に照準を合わせたオリジナルに転換したことで、バンドとしての寿命は確実に延びたはずだ。

そして、オリジナルへの移行による音楽家としてのメンバーの成長も、大きなプラス面だろう。作詞はフミヤが独占する形となったが、作曲をメンバーそれぞれが担当することで切磋琢磨する空気も生まれただろうし、その結果として、バンド総体としての音楽性が高まったと見ている。

そしてこの曲で、「第2期チェッカーズ」において、作曲家としての才能を一気に高めたあるメンバーの作曲作品が、ついにシングルとして登場することとなる。それは――マサハル。

《NANA》以降のシングル19曲における作曲担当比率。

・ナオユキ（藤井尚之）：8曲（42％）
・マサハル（鶴久政治）：7曲（37％）
・ユウジ（大土井裕二）：2曲（11％）
・トオル（武内享）：1曲（5％）
・「THE CHECKERS」名義：1曲（5％）

比率的にはナオユキとマサハルが2トップとなっていて、微差でナオユキの方が高くなるが、作品の質に話を移すと個人的には、マサハル作品の方に軍配を上げたい。

ただし、マサハルの手による初シングルのこの曲に関しては、まだ習作レベルというか、のちのマサハル作品に感じられる、異常にポップな輝きを感じることは出来ない。曲として、何だかギクシャクしている感じがするのだ。

それもそのはずで、マサハル本人がこの曲について「正月に曲出ししたときに保留にしといた曲が何曲かあって、そのうち2曲のいいとこだけを合体させた曲」と語っているので（CBS・ソニー出版

＊1 ザ・クラッシュ『ロンドン・コーリング』　イギリスのパンク・ロックバンドによるヒット曲。歌詞には、79年にアメリカで起きたスリーマイル島原子力発電所事故への批判が込められている。

『PATi・PATi増刊STYLE②』87年7月)、ギクシャクするのも、当然と言えば当然なのかもしれない。

また、フミヤによる歌詞の内容も、また西麻布に帰ってきたような世界観で距離を感じたし、何よりタイトル「WANDERER」の意味がわからなかったという記憶がある(「さまよう人」「放浪者」の意。松任谷由実にも『WANDERERS』という曲がある)。

聴きどころがあるとすれば演奏だ。

非常に力強い、自信がみなぎった演奏なのだ。マサハルの先のインタビューによれば「楽器陣に力がついて、スカスカな音でも十分に聞ける」「九州の男の音」「モッズとかに似ている」「音の感じはポリスっぽかったり」ということだから、自信満々である。

なるほど、間奏のレゲエっぽくなるあたりは、ちょっと初期ポリス的だ。そう言えば、イントロから放たれる雄叫びは**ザ・クラッシュ**[＊1]**『ロンドン・コーリング』**からの引用か。

もちろん金のためもあったのかもしれないが、オリジナルへの移行をキッカケに、メンバーの音楽性が切磋琢磨されていく。そしてその中で、作曲家としてのマサハルの才能が図抜けてくる。この曲ではまだ習作という感じだったマサハルが、その後、チェッカーズ史上屈指の「あの名曲」を生み出すことになるまで、あと2年——。

track 15

Blue Rain

お前が一番輝くことが、
俺や他のメンバーの仕事なんだよ。

タカモク

売上枚数 14.9 万枚

オリコン最高位 2位

作詞：藤井郁弥
作曲：藤井尚之
編曲：THE CHECKERS FAM.
1987年11月6日発売

＊1 はっぴいえんど　1969～73年まで活動したバンド。メンバーは細野晴臣、大瀧詠一、松本隆、鈴木茂。それぞれのメンバーが卓越した能力を持ち、のちの音楽界に多大な影響を与えた。

チェッカーズらしからぬ暗く重い曲に秘められたメンバー秘話

売上はがくっと落ちている。《I Love you, SAYONARA》が26万枚、《WANDERER》が21万枚ときて、この曲が15万枚だから、階段を転げ落ちるような売上減少である。実際、当時の印象をさかのぼっても、この曲の印象は弱い。

「チェッカーズらしからぬ暗く重い曲」――発売されたのは、私が大学2年の秋というタイミング。はっぴいえんど[*1]やら大滝詠一やらを、難しい顔をして聴きまくっていた頃でもあり、「正直、もうチェッカーズでもないな」と思い始めていたことも影響して、この「暗く重い曲」には、さして注目しなかった。

チェッカーズお得意のロッカバラードである。ただ同じリズムを使った《星屑のステージ》や《Song For U.S.A.》とは、印象がかなり異なる。《星屑のステージ》もマイナーキーで、歌詞の内容も暗いのだが、底辺にチェッカーズらしいキュートさがあった。こちらにはそれが無い。個人的には当時、「70年代に西城秀樹が絶唱しそうな曲」というイメージを持った。

ただし、売上枚数については言い訳があって、同日に、チェッカーズ自身による企画物＝「Cute Beat Club Band」名義の《7つの海の地球儀》という曲（12インチ）が発売されたのである。作詞は秋元康で、作曲は「Special Tsuruku」（鶴久政治）。これが10万枚売れているので（最高位4位）、《Blue

Rain》と《7つの海の地球儀》の売上枚数を足せば、《I Love you, SAYONARA》に達することとなる。

さて、この曲と言えば、既に何度か引用している、タカモクの著書＝『チェッカーズ』に書かれたエピソードについて、触れないわけにはいけない。

この本、サブタイトルに「癌との闘い　解散の真実」とあるように、「闘病本」や「暴露本」とでもいうべき性格の本なのだが、特に解散へのいきさつを赤裸々に書いたパートについて、ファンの意見は分かれるようだ。

しかし、実像がなかなかハッキリしない、当時のチェッカーズの実態について、貴重な情報源であることは間違いないし、赤裸々でギスギスしたエピソードが多い中で、この《Blue Rain》にまつわるエピソードについては、清涼剤のように爽やかな印象を与えてくれるのだ。以下、同書の引用。

この曲をリリースする前、タカモクは、チェッカーズにおける自身の存在感について、悩み始める。「チェッカーズは俺がいなくても大丈夫だろう」という思いを強くするのだ。柳川高校の野球部だったタカモクは、同期の中島輝士（なかじまてるし）がプロ野球に進んだこともあり（日本ハム－近鉄）、「野球の道を歩みたくなったり」するのである。「たとえ審判でも構わない」とまで（このあたりのタカモクという人の唐突な発想が面白い）。

思い余ったタカモクは、フミヤを「青山のカフェバー」に誘う。そして「なあ、フミヤ、俺の存在ってチェッカーズの中で何なんだろうな？　必要ねえんじゃねえか？」と問い質す。

対してフミヤはこう返す。

*1　はっぴいえんど『風街ろまん』　はっぴいえんど2枚目のオリジナルアルバム。71年11月20日発売。「日本語ロック」というジャンルを確立させた名盤と言われている。

「俺、モクがいないチェッカーズなんて考えたことないよ。リードボーカルやっててちゃんとバックでコーラスを重ねてくれる。これ、絶対にモクじゃないとできないよ。存在なんて言われても、絶対に必要なメンバーの一人としか答えられない。簡単に言えばあんたがいなければ、チェッカーズじゃないってこと」

この一言でタカモクは（ここでも唐突に）改心、「フミヤ、お前のこと俺は絶対に日本一の神輿にしてやるよ。担ぐのは俺がやる。お前が一番輝くことが、俺や他のメンバーの仕事なんだよ」と答えるのだ。そして、その店を出ると霧雨が降っていて、その直後にフミヤが書いた曲が《Blue Rain》だったという――。

タカモクの唐突で直情的な行動が、ユーモラスな感じを多分に与えているが、それも含めて、この本の中では、屈指の「いい話」になっている。そして、この背景を知ると、この歌詞の中の登場人物が、タカモクとフミヤに思え、「暗く重い曲」と否定的に表現したこの曲も、独自の魅力が深まってくるのだ。

とは言え、１９８７年の秋の段階では、そういう背景があったことなど、知る由もない。はっぴいえんど『風街ろまん』[*2]を熱心に聴く合間に、聴き流した程度の曲だった。

そして、チェッカーズの次のシングルは、突然あさっての方向から飛び出してきた。当時私が虜となっていた、あるお笑いコンビの番組から、思いもしない形で聴こえ始めたからである。

オリジナルアルバム紹介

Original album introduction

5th

『GO』

1987年5月2日発売

『GO』

❶ **REVOLUTION 2007**
作詞:藤井郁弥　作曲:鶴久政治　編曲:THE CHECKERS FAM.

❷ **YOU'RE A REPLICANT (CAMA CAMA MOO MOO)**
作詞:藤井郁弥　作曲:鶴久政治　編曲:THE CHECKERS FAM.

❸ **MELLOW TONIGHT**
作詞:藤井郁弥　作曲:鶴久政治　編曲:THE CHECKERS FAM.

❹ **NANA**
作詞:藤井郁弥　作曲:藤井尚之　編曲:THE CHECKERS FAM.

❺ **BLUES OF IF**
作詞:藤井郁弥　作曲:藤井尚之　編曲:THE CHECKERS FAM.

❻ **TOKYO CONNECTION**
作詞:藤井郁弥　作曲:武内享　編曲:THE CHECKERS FAM.

❼ **I Love you, SAYONARA**
作詞:藤井郁弥　作曲:大土井裕二
編曲:THE CHECKERS FAM.

❽ **MY GRADUATION**
作詞:藤井郁弥　作曲:武内享　編曲:THE CHECKERS FAM.

❾ **GO IN TO THE WHOLE**
作詞:高杢禎彦　作曲:武内享　編曲:THE CHECKERS FAM.

❿ **QUATRE SAISONS**
作詞:藤井郁弥　作曲:藤井尚之　編曲:THE CHECKERS FAM.

⓫ **Mr.BOY をさがして**
作詞:藤井郁弥　作曲:鶴久政治　編曲:THE CHECKERS FAM.

1988

巧妙。

3月18日、東京ドームが完成する。一番最初に単独公演をしたアーティストはミック・ジャガー（3月22日）だったが、正規のこけら落とし公演は、美空ひばりと記録されている（4月11日）。チェッカーズの東京ドーム初ライブは、夏の〈SCREW TOUR〉の最終日であった8月26日で、これが最初で最後の東京ドームとなった。このときのコンサートが最高に良かったと評するファンは多い。ちなみに、BOØWYは、同年4月4〜5日に東京ドーム初ライブで、解散コンサートを行っている。

この年の日本レコード大賞（第30回）は『パラダイス銀河』（光GENJI）、アルバム大賞は『FLOWERS For ALGERNON』（氷室京介）、最優秀歌唱賞は『人生いろいろ』（島倉千代子）、最優秀新人賞は『DAYBREAK』（男闘呼組）。年間売上ベスト3は、1位・光GENJI（60.8億円）、2位・BOØWY（43.7億円）、3位・久保田利伸（41.6億円）。

track 16

ONE NIGHT GIGOLO

キルユー！（バシッ!!）

ノリオ

「とんねるずのみなさんのおかげです。」より

売上枚数
15.4
万枚

オリコン
最高位
3位

作詞：藤井郁弥
作曲：武内享
編曲：THE CHECKERS FAM.
1988年3月21日発売
*ライオン洗顔料「ページワン」CMソング

トオル作曲の唯一のシングル曲は、チェッカーズ・ファミリーのアレンジが上出来！

印象度だけで言えば、《I Love you, SAYONARA》と並んで、「第2期チェッカーズ」を代表する曲だと思う。ただ個人的には、《I Love you, SAYONARA》に比べて、その印象は表面的であるというか、この曲については、イントロの印象だけが突出しているのだ。

歌詞の世界は、また西麻布的な感じで、それに心理的距離を感じたこともあるが、それ以上にサックスをフィーチュアしたイントロのアレンジが、実によく出来ているのである。おそらく、「THE CHECKERS FAM.」（チェッカーズ・ファミリーの略。アルバム『GO』のクレジットによれば、チェッカーズに加えて、八木橋カンペー、アンディ檜山）が一体となって、アイデアを建設的に出し合いながらアレンジを進めたのだろう。作曲はトオル（武内享）。トオル作曲の唯一のシングル曲だ。

それでも、このイントロ、よく出来た音楽性だけでは、ここまでの印象を残さなかったと思う。別の要素が大きく作用しているのだ。それは――フジテレビ系の当時の人気番組＝「**とんねるずのみなさんのおかげです。**」[*1]におけるコントで、大々的に取り上げられたこと。

具体的には、同番組で不定期に流された、チェッカーズととんねるずが絡むコント＝「チェッカーズの○○によくある風景」シリーズにおいて、この曲のイントロが、何度か印象的に使われたのである。タイトルの「○○」に入る言葉は可変で、「仲間はずれ」「不良学生」「保健体育」「友情」「修学旅行」「七夕」「運動会」「純愛」など。

ここでは、動画サイトに落ちていた、1988年の年末放送の「チェッカーズの不良学生によく

＊1「とんねるずのみなさんのおかげです。」 88年10月13日から97年3月27日まで放送。同番組内でチェッカーズは「○○によくある風景」の後、「新・巨人の星」「珍義なき戦い」というコントシリーズもやっていた。解散直前まで出演。

ある風景」のストーリーを追ってみることとする。

――ある高校の風景。授業前の教室の中、学ラン姿のチェッカーズのメンバーが談笑している。一番前の席に、学級委員かつ風紀委員のノリオ（木梨憲武）とセーラー服姿のマリナ（渡辺満里奈）が座っている。ノリオはマリナに好意を抱いている模様。そこに現れたフミヤとナオユキが、ノリオを冷やかす。逆にノリオは、風紀委員として長髪を後ろでくくった2人の髪型を、校則違反だと注意する。対して2人は、七三に分けたノリオの髪型がダサいから、チェッカーズ風みたいにするべきだと言って、ノリオの前髪を、無理やりゴムで結ぶ（この会話の中でノリオはチェッカーズを「チェッカルズ」と発音）。チェッカーズ風（?）の髪型になったノリオは「マリナさんにモテるかも！」上機嫌。そこでナオユキが唐突に、テナーサックスを吹く（ここは生演奏）。なぜか教壇前にスタンドマイクが置かれている。そこで突然《ONE NIGHT GIGOLO》のイントロが流れ出す。そのイントロに合わせてノリオは、マイクの前でフミヤ風の振り付けを、異常にぎこちなく踊る。そこに、石橋貴明演じる教師が静かに現れ、ノリオの後ろに立つ。イントロが終わり、「♪Kill you」の直後、見事なタイミングで、石橋のスリッパがノリオの頭に命中（1拍目「♪Kill」、2拍目「♪you」、3拍目「バシッ！」）――。

今改めて見ると、まずチェッカーズのコントが板に付いていることに驚く。チェッカーズに限らず80年代までの時代、テレビによく出ていた音楽家はみんなコントが上手かった。特に上手かったのは、沢田研二、キャンディーズ、桜田淳子、野口五郎あたり。

そしてさらに驚くのは、木梨憲武のパフォーマンスである。表情、会話、そして動き全体が、抜群のリズム感によってコントロールされている。リズム感とはつまり運動神経。私は常々、コントとは運動神経だと思っているが、80年代の木梨憲武のそれは、70年代の堺正章、90年代の岡村隆史と張る、日本お笑い史の最高水準レベルにある。

80年代後半を代表するお笑いユニット、とんねるず、ウッチャンナンチャン、ダウンタウン。この並び順で、パフォーマンスにおける運動神経の比率が落ちていく。逆に、パフォーマンスにおける言語能力の比率が高まっていく。

実は、90年代の後半あたりから、個人的には、とんねるずに笑えなくなっていったのだが、それは（年齢による老化が激しい）運動神経に基づいた笑いだったからではないか（なお、私は当時、新宿コメディシアターというところで、ウッチャン＝内村光良のバック転を生で見ていることを追記する）。

先のコント映像に話を戻せば、チェッカーズとんねるずの関係の良さも、画面からにじみ出ている。よくつるんでいたのだろう。実際、先のタカモクの著書＝『チェッカーズ』には、タカモクと木梨憲武が、六本木の日産のディーラーで、当時流行っていたクルマ＝「B－1」を「駄菓子を買うように」買ったというエピソードが書かれている。

チェッカーズとんねるずのリズム感がぴったりと合っている。そのリズム感が、同じく当時全盛期を迎えていた新宿河田町のフジテレビからの電波に乗って、日本中に響いている。そして、日本中の若者がそれを見て、笑い、歌い、乗っている。もちろん私も、その中のひとりだった。

この曲のイントロから見えてくるのは、そんな１９８８年の風景である。

track 17

Jim & Janeの伝説

映画「ホットロード」の
主題歌は絶対に
《Jim & Janeの伝説》
だと思ってたのに！

長年のファンの声

作詞：藤井郁弥
作曲：鶴久政治
編曲：THE CHECKERS FAM.
1988年6月29日発売

＊1　今井美樹『彼女とTIP ON DUO』　作詞・秋元康、作曲・上田知華、編曲・佐藤準。98年8月17日発売。資生堂　88年秋のキャンペーンソング。売上枚数14.1万枚。

麻薬のように体内にこびりつくメロディ そして、ピリオドの向こうへというフレーズの妙

個人的に思い出深い曲である。この曲、生まれて初めて買ったシングルＣＤだからだ。一応補足しておけば、「シングルＣＤ」とは、別名「８センチシングル」とも言われる、今は亡き短冊型のメディア。ＣＤプレイヤーを買ったのも同時期の１９８８年、大学3年生の夏。確か、世間に比べて遅れていたはずだ。お金が無かったこともあるが、周囲が「ＣＤだ、ＣＤだ」と騒ぐ中、アナログプレイヤー派としてどこまで生き残れるかを、自己主張の代わりにしようとしていたフシがある。

生まれて初めて買ったシングルＣＤなので、思い出も鮮烈だ。買った場所まで憶えている。京王稲田堤（いなだづつみ）駅とＪＲ南武線の稲田堤駅の間に、小さな商店街があって、その中の小さなレコード店で買ったのだ。更には、そのとき同時に、今井美樹の『彼女とTIP ON DUO』[＊1]のシングルＣＤを買ったことも。こんなつまらないことを憶えているくらい、「ＣＤ化」は当時の私にとって大きな出来事だったのだろう。

せっかくだから、つまらない思い出話をさらに続ける。稲田堤というところを訪れたのは、この88年の夏休み（結果的に、昭和最後の夏となる）に、遊園地のよみうりランドに行ったからである。当時付き合っていた彼女とふたりで行った。確かゴーカートのようなアトラクションがあって、それに乗るとき、私がふざけてこの曲のサビを口ずさんだのだが、そうすると、そのサビがずっと脳内再生され、

これは聴かねばと思い、帰り道、乗り換えのために下車した稲田堤で、シングルCDを買ったという次第。

それくらい、このサビは強烈にキャッチーだ。

特に「♪さよなら告げる〜」からの「♪レ・レド・レ・レド・レミ・レド・レッ・レド・ラー」（キーは【B】）の、麻薬のように体内にこびりつくメロディはどうだ。「レ」の「ナインス（9th）」の音が効いている。ゴーカートの上で歌いたくなるメロディだと、今でも思う。

よく聴くと、この「ナインス（9th）」の使い方は、堺正章『さらば恋人』や、アルバート・ハモンド[*3]『カリフォルニアの青い空』などの名曲に近いものを感じるが、コードの使い方も異なるし、パクリだ何だという低次元の話ではなく、むしろ、この曲の作曲家のオリジナリティを証明するものだ。

その作曲家とはマサハル（鶴久政治）。

マサハルとしては、先の《WANDERER》に続く、シングル作曲の採用となる。しかしメロディは、《WANDERER》よりもかなりこなれており、さしずめ《WANDERER》が「ホップ」、この曲が「ステップ」という感じ。お待たせして悪いが、「ジャンプ」は、この翌年のあの名曲だ。

加えて、歌詞がいい。この歌詞の良さの、最も大きなポイントは「久留米のヤンキー」の世界に回帰したことである。

藤井郁弥という人は、つくづく頭がいいと思う。「第2期チェッカーズ」として自作するにあたり、

＊2　堺正章『さらば恋人』　作詞・北山修、作曲編曲・筒美京平。71年5月1日発売。堺正章のソロデビュー・シングル。売上枚数52.9万枚。

＊3　アルバート・ハモンド『カリフォルニアの青い空』　72年アメリカで発表された曲。73年に南沙織がカバーしている。

歌詞の世界観について、巧妙にバランスを取っているのだ。

懲りずにまた地名で比喩すれば、西麻布あたりに本拠を置きながらも、《I Love you, SAYONARA》で新宿的な舞台をはさみ、そしてこの曲で、あえて久留米のヤンキー時代に舞い戻る。

それだけでなく、歌詞の内容も、バイクの事故で亡くなった男の彼女を、事故の現場に連れて行くというもので、これは「♪仲間がバイクで死んだのさ」という、デビュー曲《ギザギザハートの子守唄》への回帰でもある。

当時の私は、この「回帰現象」を、非常に喜んだ。大学3年生＝「東京3年生」になっても、まだまだ西麻布に遠く、京王線や南武線のあたりをウロウロしている自分とチェッカーズの距離が、再度近づいた感じを受けたのだ。そしてダメ押しとして、あのキャッチーなサビである。

さらには歌詞に、強烈なパンチラインが埋め込まれている。2番のサビにある「Periodの向こうへ」。そう、あの氣志團[*4]『One Night Carnival』で引用されたフレーズである。『One Night Carnival』自体、80年代ヤンキー音楽のパロディのような曲だが、尾崎豊などに加えて《Jim & Janeの伝説》にまで目配りが効いているあたり、綾小路翔のセンスの良さを感じさせるものである。

そして「第2期チェッカーズ」も「Periodの向こうへ」。《ジュリアに傷心》で到達した「第1期チェッカーズ」の高みを、さらに超えた向こう側がいよいよ見えてきた。

＊4 氣志團『One Night Carniaval』作詞作曲・綾小路翔、編曲・氣志團。02年5月29日発売。レコード会社によると、「体感売上枚数」は200万枚。

track 18

素直にI'm Sorry

謝るの下手ですよね、
やっぱり。
いっぱいいるよね
（謝りたい人は）。

フミヤ

「ザ・ベストテン」で謝りたい人は
誰ですか？という質問に対して

売上枚数
19.3
万枚

作詞：藤井郁弥
作曲：藤井尚之
編曲：THE CHECKERS FAM.
1988年10月21日発売

著者が苦手とする「ええ話」×「カノン進行」は、《TRUE LOVE》への布石、だったのか

前頁で、「藤井郁弥という人は、つくづく頭がいい」と書いた。シングルの歌詞の世界を、絶妙なバランス感覚で書き分け、幅広いターゲットを狙い続けたという意味で。ただし、この話を、1人のリスナーの側から解釈すると、「第2期チェッカーズ」のシングルは、好き嫌いが大きく分かれるということになる。

私は当時、この曲が嫌いだった。いや、厳密には「嫌い」というより「苦手」に感じたのだ。《Jim & Janeの伝説》で盛り上がった後にこの曲だったから、とても落胆したのを憶えている。

「評論」とは何かという、崇高な余談をする。音楽評論とはつまるところ、世の中が感じていない、その音楽の魅力的な側面を切り取り、ポジティブに語ることだと、私は思っている。そして、何をもって「魅力的な側面」とするかは、最終的には主観となるのだが、その主観こそに、書き手の知識やセンスが問われるのだとも思っている。

しかし、今回のこの本のように、全シングルを連続で評論するということになると、相対論の中で、ネガティブなことを書かなければいけなくなる。もちろん「苦手」とする判断も結局は「主観」に過ぎないのだが、せっかくなので、評論家としての責任として、私が「苦手」と感じた理由を、できるだけ客観的に、冷静に書いておきたいと思う。

まずはタイトルだ。《素直にI'm Sorry》という日本語と英語を「直結」した言葉遣いが、《I Love you, SAYONARA》同様、私好みではないのだが、それよりも、「素直にごめんなさい」という、やたらと道徳的(?)な「ええ話」となっていることに抵抗感を感じるのだ。あれっ、ちょっと前まで、キレッキレの「久留米のヤンキー」だったんじゃなかったっけ?

次に歌詞。私は、この歌詞に出てくる女性に共感できない。生身の人間が見えないのだ。フミヤが表現したかったのは、「子どものようなピュアな感覚を持ち続けている女性」[*1]なのだろうが、それって、女性がよく理想だとする「少年のようなピュアな感覚を持ち続けている男性」同様、男性の側からの妄想の産物ではないか。少なくとも私は、非モテの時期が長かったせいか(逆にモテ期はあったのか?)、このような、歌やCMにたまに出てくるピュア・レディに出逢った試しがない。

チェッカーズの歌に出てくる女性は、「久留米のヤンキー」と等身大にぶつかり合う、確固たる意志を持った女性が似つかわしいと思う。《I Love you, SAYONARA》の「新宿の『ネオンへ消え』ていく凛とした女性」のような、個を持った人物がいいと思うのだが。

そして最後に、コード進行。通俗的(=ベタ)過ぎると思う。やや専門的な話になるが、このコード進行は「カノン進行」を用いている。「カノン進行」とは、有名なバロック音楽『パッヘルベルのカノン』のコード進行で、キリスト教的な敬虔で清潔なコード進行。このような「ええ話」の伴奏としてはピッタリである。

実は、この「カノン進行」のブームが、この曲のリリースのちょっと後、90年代に大爆発するのである。「ええ話」な歌詞でメガヒットとなった以下の(おしなべて私が苦手な)楽曲は何と、すべて「カノン進行」を用いているのだ。

*1「子どものようにピュアな感覚を持ち続けている女性」
余談であるが、フミヤはデビュー当時から女優の藤谷美和子のファンであることを公言していた。

＊2《TRUE LOVE》　作詞作曲・藤井フミヤ、編曲・佐藤佳幸。93年11月10日発売。藤井フミヤとしての2枚目のシングルであり、最大のヒットシングル。売上枚数202.3万枚。フジテレビ系ドラマ『あすなろ白書』主題歌。

・KAN『愛は勝つ』（90年）201.2万枚
・槇原敬之『どんなときも。』（91年）167.0万枚
・大事MANブラザーズバンド『それが大事』（91年）160.3万枚
・ZARD『負けないで』（93年）164.5万枚
・岡本真夜『TOMORROW』（95年）177.3万枚

チェッカーズには、これらの曲の仲間のようなベタなコード進行じゃなく、やっぱ、もっと痛快・爽快なロックンロールだろう？

――と、つとめて冷静に書いたつもりだが、読み返すと、「ええ話×ピュア・レディ×カノン進行」という組み合わせが単に「嫌い」だと、主観的に書いているに過ぎない感じがしてきた。申し訳ない。でも正直なところなのでご勘弁いただきたい。

しかし、である。ここで「評論家モード」を高めて、この話を捉え直してみると、この《素直にI'm Sorry》は、上記「カノン進行」メガヒットを中心とした、来たる「Jポップ」ブームを予見した曲だったと言えるし、この曲の延長線上に、フミヤ93年のメガヒット（202万枚！）である《TRUE LOVE》[＊2]（この曲の進行も「カノン進行」的）があるとも考えられるのだ。そう考えると、この曲は、ソロ・藤井フミヤへの布石だったとも思えるのである。

うーん、やっぱりフミヤという人は、つくづく頭がいい。

THE CHECKERS

6th

『SCREW』

1988年7月21日発売

『SCREW』

❶ World WarⅢの報道ミス
作詞：藤井郁弥　作曲：鶴久政治　編曲：THE CHECKERS FAM.

❷ Gipsy Dance
作詞：藤井郁弥　作曲：鶴久政治　編曲：THE CHECKERS FAM.

❸ Rolling my Stone
作詞：藤井郁弥　作曲：鶴久政治　編曲：THE CHECKERS FAM.

❹ CRACKER JACKS
作詞：高杢禎彦　作曲：鶴久政治　編曲：THE CHECKERS FAM.

❺ 鳥になった少年の唄
作詞：藤井郁弥　作曲：藤井尚之　編曲：THE CHECKERS FAM.

❻ Jim&Janeの伝説
作詞：藤井郁弥　作曲：鶴久政治　編曲：THE CHECKERS FAM.

❼ 愛と夢のFASCIST
作詞：藤井郁弥　作曲：鶴久政治　編曲：THE CHECKERS FAM.

❽ Good night
作詞：藤井郁弥　作曲：武内享　編曲：THE CHECKERS FAM.

❾ ONE NIGHT GIGOLO
作詞：藤井郁弥　作曲：武内享　編曲：THE CHECKERS FAM.

❿ Standing on the Rainbow
作詞：藤井郁弥　作曲：藤井尚之　編曲：THE CHECKERS FAM.

⓫ Blue Rain
作詞：藤井郁弥　作曲：藤井尚之　編曲：THE CHECKERS FAM.

1989

予感。

1月7日、昭和天皇が崩御し、「昭和」が終わりを告げた。翌1月8日、元号は「平成」に変わる。この夏には、昭和の歌姫だった病気療養中の美空ひばりが52歳でこの世を去り、中森明菜が自殺未遂、音楽活動を休止した。さらにひとつの時代の終焉を象徴するように9月28日、TBS系列「ザ・ベストテン」が終了した（放送開始は1978年）。チェッカーズは《ギザギザハートの子守唄》から《Cherie》まで、連続ランクインを果たしている。この年の日本レコード大賞（第31回）は『淋しい熱帯魚』（Wink）、アルバム大賞は『CIRCUIT OF RAINBOW』(杏里)、最優秀歌唱賞は『風の盆恋歌』（石川さゆり）、最優秀新人賞は『ふりむけばヨコハマ』（マルシア）。年間売上ベスト3は、1位・松任谷由実（56.5億円）、2位・工藤静香（54.3億円）、3位・美空ひばり（53.9億円）。

track 19

Room

最近はみんなから
愛される
曲っていうのかな、
そっちの方向に
進みつつあります。

マサハル

「PATi·PATi」インタビュー89年9月号より

売上枚数
22.1
万枚

オリコン
最高位
3位

作詞：藤井郁弥
作曲：鶴久政治
編曲：THE CHECKERS FAM.
1989年3月21日発売

チェッカーズは、くたばらない。「昭和」から「平成」を乗り越えた生命力

先の《素直にI'm Sorry》とこの曲との間で起きた、世の中的に最も大きな出来事は、元号が変わったことである。「昭和」から「平成」へ。

最近は、80年代後半と言えば、判を押したように「バブル」と評されるが、同時代を生きてきた者としては、その中の1年1年に関する、時代の色合いの微妙な変化を書き記しておきたいと思う。

《素直にI'm Sorry》の頃、1988年の暮れは、昭和天皇のご容体が不安定だったこともあり、「バブル」どころか、世の中全体がとても陰鬱な空気だった。私は当時、アルバイトのような形で、皇居の真ん前にある、半蔵門のFM東京（現TOKYO FM）に出入りしていたのだが、内堀通り沿いをギターケースを持って歩いていると、皇居前にずらりと並んだ警官の1人に呼び止められ、ギターケースを開けろと命令されたことを鮮明に覚えている。

何がバブルだ。そんな陰鬱な時代だったのだ。

さて、チェッカーズ平成最初のシングル＝《Room》である。《Jim & Janeの伝説》で14万枚台まで落ち込んだ売上枚数は、ここに来て22万枚台に復活している。元号が変わっても、チェッカーズはくたばらない。特筆すべき生命力である。

作曲はマサハル。作曲家としてのマサハルの魅力は、とてもシンプルな曲を書くことである。この曲で言えば、まずコード進行がシンプルだ。キーは【Am】で、【Am】【D】【E7】という主要3コー

ドを行き来するケレン味の無いコード進行だ。

そしてサビ（♪何も変わらない部屋で〜）は、【Am】→【Dm7】→【G7】→【C】→【Fmaj7】→【B♭】→【E7】となる。一見技巧的なコード進行に見えるが、よく見たら【Am】→【G】→【F】→【E7】という、井上陽水『傘がない』[*1]同様の通俗的な進行に、【Am】【G】【F】という、それぞれのコードの4度上の【Dm】【C】【B♭】が挟まっているという、（妙な言い方だが）数学的にシンプルな構造のコード進行となっている。

この進行、他の曲で言えば、ザ・ビートルズの『ユー・ネヴァー・ギヴ・ミー・ユア・マネー』[*2]と同じものであり、この曲と同様、日本人の琴線にぐっと迫ってくるような感覚を与える進行だ。その「琴線にぐっと迫ってくる」感じは、曲後半の半音上への転調で、いよいよ「ぐぐぐっと」高まる。

また、サビは、同じ波形を3回繰り返すのだが（図参照）、このシンプルな繰り返しも、曲全体を覚えやすくキャッチーにする効果を与えるのだ。

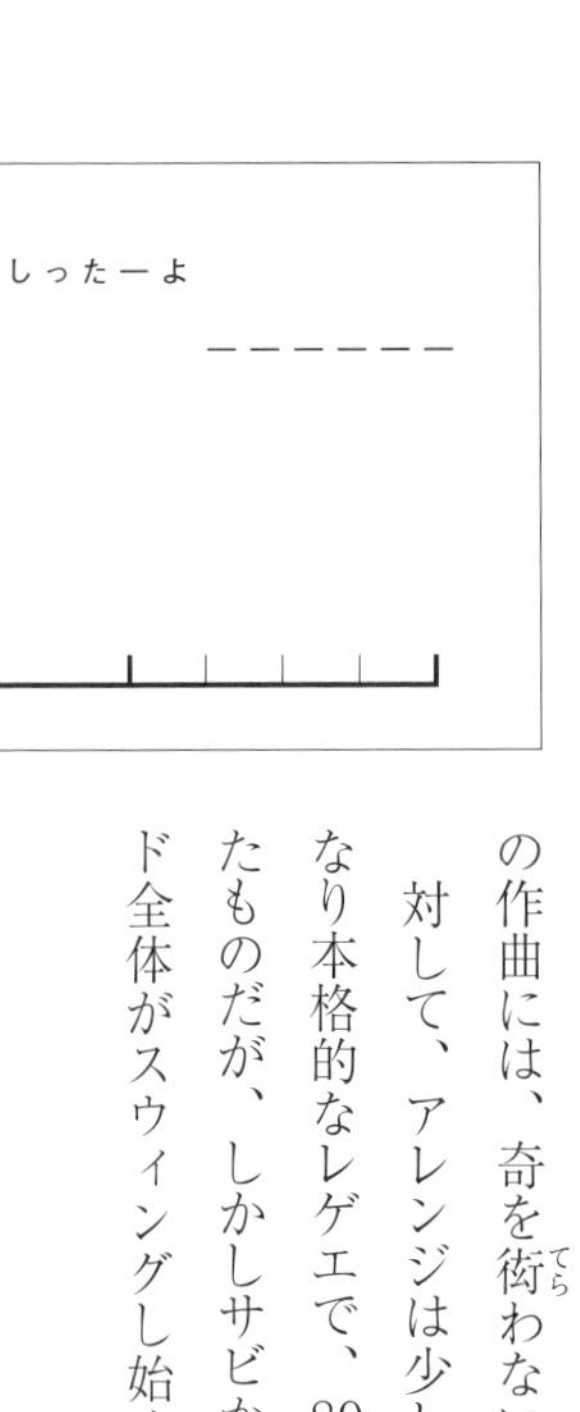

……と、専門的な物言いとなったが、言いたかったことは、マサハルの作曲には、奇を衒わないシンプルな魅力があるということに尽きる。対して、アレンジは少しばかり凝っている。冒頭からのリズムは、かなり本格的なレゲエで、89年当時の感覚でも、やや古めかしい感じがしたものだが、しかしサビからは一転、シャッフルのリズムとなり、バンド全体がスウィングし始める。ここはかなりいい。クロベエとユウジの

＊1　井上陽水『傘がない』　作詞作曲・井上陽水、編曲・星勝。72年7月1日発売。売上枚数6.3万枚。

＊2　ザ・ビートルズ『ユー・ネヴァー・ギヴ・ミー・ユア・マネー』　ザ・ビートルズ69年9月発売のアルバム『アビイ・ロード』に収録。

リズム隊が、久しぶりに本領を発揮している。

加えて今回は、歌詞も大きなポイントとなっている。先に書いたように、《素直にI'm Sorry》の歌詞には、違和感を覚えた口だが、この歌詞についていては、割と気に入っている。またまた一見「西麻布」的世界観なのだが、設定が普遍的なのである。

歌詞をよく読んでみると、1番ではその部屋（Room）から女が出ていく。2番では主人公である男が出ていく。つまりは、部屋を引き払うという設定であり、尾崎紀世彦[*3]『また逢う日まで』やキャンディーズ[*4]『微笑がえし』と並ぶ「引っ越しモノ」なのだ。

かく言う私も多少経験がある。と言っても、同棲の経験は無いのだが、部屋を引き払うとき、そこで一緒に過ごした時間の長かった異性を思い出して、キュンとなる感じはよくわかる。だから、この《Room》の歌詞には普遍性を感じるのだ。引き払う部屋が、西麻布の高級マンション（この歌）か、阿佐ケ谷のワンルームマンション（私）かの違いはあれど。

「平成チェッカーズ」はいい感じに盛り上がってきた。そして、作曲家・マサハルの「ジャンプ」となる次のシングルこそが、「第2期チェッカーズ」屈指の名曲となる、あの曲だ。

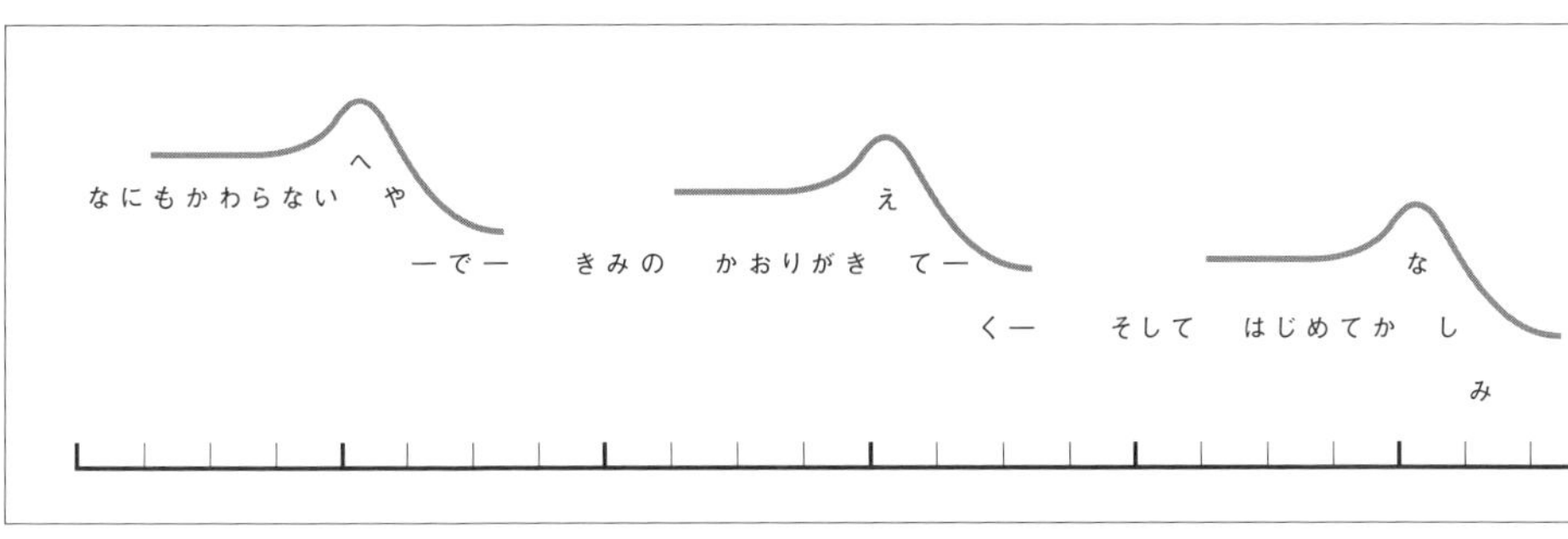

*3 尾崎紀世彦『また逢う日まで』作詞・阿久悠、作曲編曲・筒美京平、71年3月5日発売。売上枚数95.6万枚。

*4 キャンディーズ『微笑がえし』作詞・阿木燿子、作曲編曲・穂口雄右、78年2月25日発売。売上枚数82.9万枚。

track 20

Cherie

「俺達、賞レースとか一切無縁だったもので。
3曲ベストテン入りしたときがありましたよね。
あの記憶が相当強く残っていますんで。

トオル

「ザ・ベストテン」終了まであと10週のときに」

売上枚数 15.0 万枚

オリコン最高位 5位

作詞：藤井郁弥
作曲：鶴久政治
編曲：THE CHECKERS FAM.
1989年7月5日発売

＊1 J.D.サウザー『You're Only Lonely』
ジョン・デヴィッド・サウザーはアメリカの現役ミュージシャン。79年9月発表の同名アルバムからシングルカットされた大ヒット曲。

＊2 ロイ・オービソン『Only The Lonely』
映画『プリティ・ウーマン』の主題歌でも知られる60年代に活躍したアメリカのミュージシャンの代表曲。

けれん味の無い手法を使いながら、ここまで印象的なメロディを生み出すあたりが、〝マサハルメロディ〟なのだ

「第2期チェッカーズ」屈指の名曲。再評価が強く待たれる曲。さらに言えば、この曲の再評価のために、この本を書いているふしすらあるほどの。しかし書き始めて、いきなりけつまずくのは、売上枚数がまた10万枚台中盤に落ち込み、また「オリコン最高位5位」は、この時点でのチェッカーズシングル史上最低位ということだ。名曲名曲と、私がここでテンションを上げて書いてみても、当時のこの曲は、比較的ひっそりと迎え入れられたのが真相だ。

作曲家・マサハルの、「ホップ」《WANDERER》、「ステップ」《Jim & Janeの伝説》から続く「ジャンプ」。「ジャンプ」だけに、《WANDERER》《Jim & Janeの伝説》とは飛距離が違う。従来のチェッカーズ楽曲とは、異なる時空まで跳躍している感じがする。

ベースになっているのは洋楽だろう。まず想起するのが、J.D.サウザー[*1]の『You're Only Lonely』。その《You're Only Lonely》がベースとしたと言われる、ロイ・オービソン[*2]『Only The Lonely』の香りもする。この曲が発している香りは、総じて言えば、アメリカのオールディーズの香りである。

作曲家・マサハルの魅力は、けれん味の無さにあると思う。とてもシンプルで、人懐っこいメロディ。それは、まさにオールディーズ的。60～70年代前半ぐらいまでの洋楽が確かに持っていたけれど、デジタル化・ダンスミュージック化の中で、それ以降の洋楽が失った、あのエバーグリーンでポップなメロディ――マサハルの生み出すメロディは、そういうオールディーズが放つ芳醇な香りを、

*3 川村真澄(かわむらますみ) 1957年生まれ。作詞家。代表曲に『My Revolution』(渡辺美里)、『流星のサドル』(久保田利伸)など。鶴久政治のソロ作品に多く詞を提供している。

しっかり保持している。

ただし、マサハルへの当時のインタビューによれば、「『ROOM』と『Cherie』なんて2、3年前のですよ。いままで3回くらい提出したんですけど、カスリもしなかった。なのにこの前突如として引っかかってねぇ(笑)」(CBS・ソニー出版『PATi・PATi』89年8月号)と語っているので、そういうマサハルメロディの魅力に、他のメンバーが気づくのに、少々時間がかかったということになる。

マサハルは、前年のチェッカーズのアルバム『SCREW』で、全11曲中6曲の作曲を任されており、またこの年の2月には、ソロアルバム『LOVIN' SPOONFUL』を発売、その中の全曲の作曲を手がけ、秋元康や売野雅勇、川村真澄[*3]という、当時の気鋭の作詞家陣ともコラボレーションしている。そういうひとつひとつの積み重ねの中で、マサハルメロディの別格性を、他のメンバーも少しずつ認め始めたということだろう。

メロディの良さが凝縮されているのは、サビだ。特に「♪この恋が　決められた　運命なら」のところ。「この恋が」と「決められた」が、同じ波形を描きつつ、ベースが、ド↓シ↓シ♭↓ラと、半音ずつ下がっていくところは、何というか、「造形的」に美しい。

「ド↓シ↓シ♭↓ラ」と半音ずつ下降するのは、「クリシェ」というありふれたコード進行だが、そういうけれん味の無い手法を使いながら、ここまで印象的なメロディを生み出すあたりが、マサハルメロディなのだ。

歌詞もいい。自ら別れることを決めて、バスに乗り込む女性。実は、男の方が狡猾(こうかつ)で、「さよならを君に言わせた」のだが、少なくとも《素直にI'm Sorry》の、手垢にまみれた「子どものような

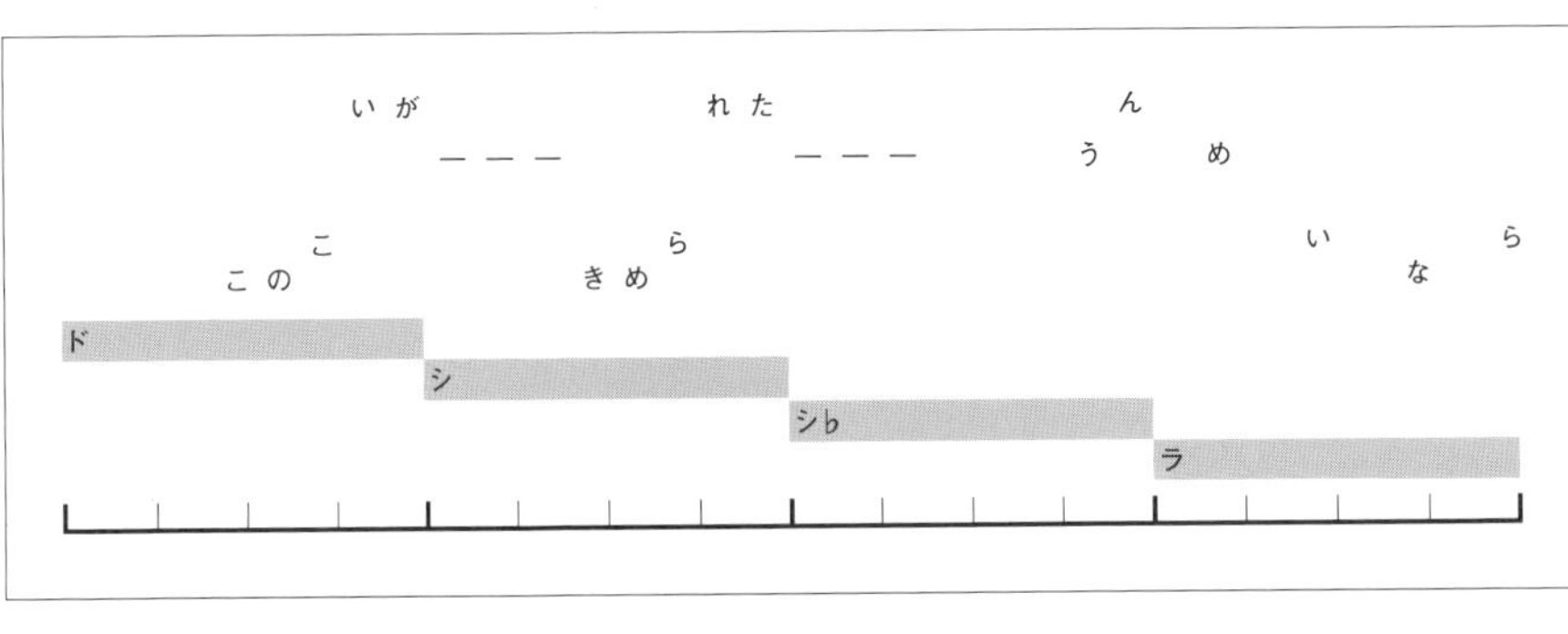

ピュアな感覚を持ち続けている女性」像ではなく、自分の意志を持っている。その意味では、《I Love you, SAYONARA》の「新宿の『ネオンへ消え』ていく凛とした女性」に近いものがある。繰り返すが、チェッカーズには、「久留米のヤンキー」と等身大にぶつかり合う、確固たる意志を持った女性が似つかわしいと思う。

私がこの曲を知ったのは、TBS「ザ・ベストテン」。ちなみに「ザ・ベストテン」は、この年の9月に終わるので、番組末期とも言える頃となる。どこかからの生中継で、この曲を歌うチェッカーズを見て、そして、この優美なメロディを聴いて、強く感じるものがあったのだ。

1989年の夏は、平成最初の夏。就職活動に励んでいた私のウォークマンから聴こえてくるのは、ユニコーン『服部』(6月発売)、岡村靖幸『靖幸』(7月)、フリッパーズ・ギター『three cheers for our side～海へ行くつもりじゃなかった』(8月)という、3枚の傑作アルバムだった。

そういう先鋭的な音楽に身を委ねていた中、やたらとシンプルで人懐っこいこの曲が、テレビから流れてきた。先鋭的な音楽に身を委ねていたからこそ、やたらとシンプルで人懐っこいこの曲が、ズドーンと響いてきた。

「第2期チェッカーズ」屈指の名曲は、時代を超えた名曲である。なぜならこの曲は、そもそも89年の段階で、89年という時代を超えていたのだから。

track 21

Friends and Dream

俺たちずっと石ころの
ダイヤでいような
のところで
いつも泣いてしまう。

ファンの声

売上枚数
16.6
万枚

作詞：藤井郁弥
作曲：鶴久政治
編曲：THE CHECKERS FAM.
1989年12月6日発売

フミヤの心の中で、解散の気持ちが既に芽生えていたとしたら……

1989年12月の発売。つまり「80年代」の最後の最後に発売された曲。売上は約17万枚で《Cherie》と変わらず。ただしオリコン最高位は2位と、《Cherie》の5位を上回る。

しかし個人的には、何と言っても《Cherie》という、そびえたつピークの後であり、当時としても印象が薄かった。逆に言えば、それくらい《Cherie》の印象が強烈で、それゆえに、ここから「第3期チェッカーズ」としてもいいような気さえする。

作曲担当はまたマサハルで、《Room》《Cherie》、そしてこの曲と、3曲連続で採用されたこととなる。そういう意味では「80年代土壇場におけるマサハル作曲3部作」と言ってもいいのだろうが、音楽的に、《Room》《Cherie》に比べて一段劣る、と言うより、一段苦手な路線にズレた感じがしたのだ。

コード進行が《素直にI'm Sorry》に似ている。具体的には、あの「カノン進行」を使っている（キーも【E】で同じ。多少意識して作られたのかもしれない）。そして「カノン進行」ということは、「90年代Jポップ風味」ということでもある。さらに言えば、ということは「フミヤソロへの予兆」という感じさえするのだ。

逆に、歌詞はなかなかに「久留米のヤンキー」風味で、私好みである。シチェーションは、懐かしのヤンキー仲間の再会。今「弱気」になって「涙」を流す友人を、「遠い日」の「あの翼」で「また飛べる」と励ますというもの。コピーライター・フミヤはまたいい切れ味で、《Jim & Janeの伝説》の「Periodの向こうへ」に続き、ここでは「石ころのダイヤ（でいような）」という、シビれるフレーズを開発している。

でも、その歌詞世界とサウンドが不具合を起こしている。この歌詞世界であれば、《Jim & Janeの伝説》のようなバンドっぽい・ロックっぽいサウンドの方が当然似つかわしい。しかし、この歌詞世界に「カノン進行」の「90年代Jポップ風味」が来るから、「チェッカーズ感」というより「フミヤのソロ感」が高まってしまうのだ。

――と、まずは冷静に（でもやや主観的に）採点をした上で、しかし仮に、この歌の制作時期に解散が決まっていたとして、いや解散の話は出ていなくとも、フミヤの心の中で、解散の気持ちが、既に芽生えていたとしたら、曲の印象はずいぶんと変わる。

間奏の中のセリフ＝「俺たちは　いつからガキじゃなくなったんだろう」。この「ガキ」が「久留米のヤンキー」という意味だったとしたら、「ピュアにロックンロールを愛する気持ちだけで、何のわだかまりもなく一致団結出来ていた連中」という意味だったとしたら……。

＊1　ザ・ビートルズ『ゲット・バック』　69年4月発売。全世界で1000枚以上を売り上げた名曲。B面が『ドント・レット・ミー・ダウン』。

そうするとこの曲が、来たるべき解散を食い止めるためにフミヤが仕掛けたメッセージソングに聴こえてくるのである。それは、あのビートルズの『ゲット・バック』[＊1]が、ポール・マッカートニーから、他の3人に対する「あの頃のビートルズに戻って来いよ」というメッセージを込めた歌だったように。

ある先入観や憶測をもって楽曲を評価するのは、音楽評論としては邪道だと思うのだが、先入観や憶測をもって楽曲の楽しみ方を広げるのは、リスナーの側の特権でもあると思う（テレサ・テン後期の「不倫歌謡」を、実はテレサの中国本土への叶わぬ愛を歌っていると仮定で楽しむ方法について、拙著『イントロの法則80's』をご一読ください）。

多くの人気バンドは、解散してもかなりの確率で再結成するが、チェッカーズに関しては、再結成の動きどころか噂すら聴こえてこない。まぁ、色んないきさつもあるのだろうが、再結成を勝手に憶測するのも、今は亡きバンドのファンの特権だ。

この曲を勝手に「解散を食い止めるためにフミヤが仕掛けたメッセージソング」と憶測した上で、さらには、クロベエ以外のメンバーが集結した再結成ステージをも勝手に妄想する。そしてさらには、「久留米のヤンキー」の同窓会という風情で、年かさの増したメンバー同士、ニコニコと笑い合いながら、間奏の中のセリフをこう言い換えるフミヤを――「俺たちは　いつからガキのようなジジイになったんだろう」。

Special Talk 1

鶴久政治 × スージー鈴木

ロックンロール・バンドの「ロール」とは何か？

この本は、日本ロックンロール・バンドの歴史として、スパイダースに始まり、
キャロルを経て、チェッカーズという、ロックンロール・バンドとしての
チェッカーズというのを浮き彫りにしたつもりです。
どうですか、今思い出して、マサハルさんにとってのチェッカーズっていうのは? ──鈴木

最近のバンドは、ロックンロールのロールがないんですよ。

ロールって何かなって思ったら、ちょっとおしゃれな部分のことかなって思うんです。

エルビス・プレスリーが楽曲の良さ、パフォーマンス、ファッション、この3つがよかった。

今のロックバンドの人たちは、立ったまま演奏している人が多い。

パフォーマンスのところがちょっと薄いかなと思うんです ──鶴久

フミヤさんに誘われて野球から音楽の道へ

鈴木　今日はありがとうございます。今回、音楽論としてのチェッカーズをこの本で書いていくなかで、チェッカーズは「日本最後のロックンロール・バンド」だったということをあらためて認識したんです。

そこでまずお訊きしたいことがあります。70年代後半から80年代前半にかけて、なぜ久留米ではロックンロール、それも60's的なロックンロールが盛り上がっていたのでしょうか？

鶴久　そういう流れは、確かに久留米にありましたね。その前の、僕が小学校の時にキャロルが解散してからの流れというかね。

鈴木　福岡で、小学生の頃からキャロル！　早くありませんか!?

鶴久　当時、久留米で僕らが遊んでいた場所に、ゲームセンターが一軒あって、当然のようにジュークボックスが置いてあったんです。ジュークボックスにお金を入れて小学生の僕らが聴いた曲が、『ファンキー・モンキー・ベイビー』[*1]だったんです。自転車に乗りながら「♪君はファンキー・モンキー・ベイビー！」って歌いながら、日暮れに家に帰りました。

鈴木　キャロルが不良の音楽だ、みたいな感覚はなかったんですか？

鶴久　全くなかったです。遊びながら、友達と騒いでいるときに、たまたま近くにあったのがその音楽だったというだけで。でも同年代の友達は、今思えば大きく3つに分かれていたんです。吉田拓郎さんとか井上陽水さんとかのフォークギターでやっているチームと、キャロル、クールス系統のチーム。それと、エルビス・プレスリー系に行くタイプの3つです。でもそれは主に男の子の話ですよね。女の子は、テレビ番組に出てくるアイドルの歌に夢中、みたいな感じでした。

鈴木　私が生まれ育った大阪でも、吉田拓郎さんは人気でしたけど、クールス、キャロル派っていうのはあまり……。マサハルさんにとって特別だったのですか。

鶴久　特別ですね。キャロルのアルバムの中に、チャック・

ベリーの曲のカバーとかが入ってたんで、これ、英語で歌っているけど、オリジナルじゃないのかな…なんて思って調べていくうちに、今度は元祖の方にいくんですよ。そうこうしているうちに、『アメリカン・グラフィティ』[*2]を観たりとか、『グリース』[*3]があったりとか、その映画に**シャ・ナ・ナ**[*4]が登場してて、わあカッコいいなあ！と思ったり。でも当時って、今と違ってその曲について、詳しく調べる方法が何もないんですよ。

鈴木　ないですよね、特にシャ・ナ・ナなんて、すごいマニアックな領域でしたからね。

鶴久　それで、知り合いが、シャ・ナ・ナの『ライブ・イン・ジャパン』[*5]というアルバムを持ってきたんですよ。めっちゃカッコ良くて。当時の久留米では、僕たちダンスパーティーとかやっていたから、シャ・ナ・ナのこの曲、一番最初にかけたらカッコいいんじゃないかなとか、そんな感じでしたね。

鈴木　70年代後半にもかかわらずポニーテールとかで踊る[*6]みたいな？　映画を観てダンスパーティーを知っている10代は当時たくさんいたかもしれないけれど、実際にダンスパーティーをやっていた10代というのは、全国的に見てもかなり珍しいんじゃないですか。

　そうした久留米の若者の熱から、チェッカーズを中心とするロックンロール・ムーブメントが起こったわけですね。

鶴久　チェッカーズが存在する前から、ダンスして騒ぐというムーブメントは久留米にありました。普通の市民会館

＊1　『ファンキー・モンキー・ベイビー』作詞・大倉洋一（ジョニー大倉）、作曲・矢沢永吉、73年6月25日発売。30万枚を売り上げたキャロルの7枚目のシングルでキャロル最大のヒット曲。

＊2　『アメリカン・グラフィティ』73年に公開されたジョージ・ルーカス監督作品。1962年のカリフォルニアが舞台の、4人の若者の青春群像劇。50〜60年代の名曲が全編に使用され、サウンドトラックも大ヒットした。

＊3　『グリース』78年公開。1978年公開。ランダル・クレイザー監督。71年に初演されたブロードウェイ・ミュージカルをベースに、当時『サタデー・ナイト・フィーバー』（77年公開）で人気絶頂だったジョン・トラボルタと、70年代のポップスクイーン、オリヴィア・ニュートン＝ジョンの共演で描いた学園ミュージカル映画。

＊4　シャ・ナ・ナ　69年に活動を開始したアメリカのバンド。ヒッピー文化真っ盛りの中、50〜60年代前半のストリートカルチャーを蘇らせた。

＊5　『ロックンロール・グラフィティ ライブ・イン・ジャパン』シャ・ナ・ナの75年の日本初公演の模様を収めたライブ・アルバム。77年リリース。

＊6　ポニーテールとかで〜　50年代にアメリカで流行したロックンロールファンスタイル。男性は革ジャンにスリムジーンズ、リーゼント。女性はサーキュラースカートにポニーテールというスタイルが定番だった。

の小ホールのような場所だったのですが、だんだん悪さする奴しか集まらなくなってきて、シンナー吸いながらバイクで暴走してくる奴とかかね。

鈴木　あはは。

鶴久　その会場の隣が警察署だったんですよ。だからみんな捕まるの（笑）。300〜400人くらいの客が椅子を投げたりしてて、皆踊っているから汗で床はビッチャビチャ。そんなこんなで、「お前らにはもう会場は貸さない」って言われちゃって、いろんなバンドが活動できなくなった。それでどうしようかなって、フミヤさんとトオルさんが一緒になってドゥワップで聴かせるものをやろうか、と。そういう環境からチェッカーズが生まれたんです。

僕がまだお客さんとしてそうしたパーティーに行っていたある日、「チェッカーズっていうバンド組んだから、一曲聴いてくれ」ってフミヤさんが歌い始めたのが、『スタンド・バイ・ミー』[*7]だった。そしたら、騒いでいた不良連中が皆しんとして、聴き入ったんです。その一曲だけを歌ってその日、チェッカーズは帰って行ったんです。

鈴木　そのときから、ボーカルがフミヤさんで、トオルさんがギターですか？

鶴久　そうです。他のバンドもいたけど。そのとき僕はまだ中3で、坊主頭でツイストを踊ってましたね。それを、中2のクロベエがビデオで撮っていたという（笑）。あの『スタンド・バイ・ミー』が僕の記憶にはバッチリ残りまして、チェッカーズ、カッコいいなあ！って。そのとき会場で、フミヤさんと僕、話をしているんですよ。フミヤさんが、「南筑高校入ったら一緒に音楽やろうか？」って誘ってくれたんだけど、でも僕は、「いや、野球をやろうと思うんです」って断った。「お前、野球部入ったって、すぐやめるから。先輩後輩関係厳しいぞ、音楽の方がいいよ」って言われたのを覚えています。

それで翌年、南筑高校に入学して、先輩のフミヤさんと会うわけですよ、そこでまた、「野球部？　やめろやめろ」って言われて。で、ある日、「チェッカーズにメンバーが欲しいからお前、入らないか」ってちゃんと誘われたときにはもう、ビビビってきて、野球やめて、すぐチェッカーズに入ったんです。

鈴木　当時の南筑高校の野球部は強かったんですか。

鶴久　僕らのときには弱かったけど、いい選手もいて、僕の一つ上の先輩で巨人軍に入った人がいました。でも当時は、高杢さんのいた高校（柳川高校）の方が強かった。いい選手がいっぱいいいました。

チェッカーズにロッカバラードが多い理由

鈴木　今回、チェッカーズのシングル曲を全部あらためて聴いて評論をしたのですが、ロッカバラードが非常に多いと気がつきました。デビュー前からロッカバラードは多かったんですか？

鶴久　多かったですね。ロッカバラードのドゥワップをずいぶんカバーしましたし、何と言っても、チークダンスのときにはスローでいきたいじゃないですか。

鈴木　そうか、出どころはダンスパーティーのチークタイムなんだ。

鶴久　僕らのレパートリーじゃないけど、ライチャス・ブラザーズの『アンチェインド・メロディ』[*8]とか、フミヤさんが好きだったのは、ボビー・ヴィントンの『ミスター・ロンリー』[*9]とかでしたね。

鈴木　90年代に入って、時代はバブルで、カラオケで、小室哲哉で……っていう時代に、なぜか《今夜の涙は最高》とか《Present for You》とか執拗にロッカバラードを作られていて、その理由はなんだろう？　とずっと思っていたんですが、チークタイムが発祥だったのですね。当時からフミヤさんのボーカルはすごかったですか？

鶴久　すごかったです。スキータ・デイヴィスの『この世[*10]

*7　『スタンド・バイ・ミー（Stand by Me）』61年にリリースされた、ベン・E・キングの大ヒット楽曲。ゴスペルソングが元になっている。86年に公開された同名映画の主題歌にもなった。

*8　『アンチェインド・メロディ（Unchained Melody）』作曲・アレックス・ノース、作詞・ハイ・ザレット。映画『ゴースト／ニューヨークの幻』（90年公開）の主題歌としても有名。多くのミュージシャンがカバーしており、20世紀にもっとも録音された1曲といわれている。

*9　『ミスター・ロンリー（Mr. Lonely）』作詞作曲・ボビー・ヴィントン、ジーン・アラン。60年代初めに活躍したポップス歌手、ボビー・ウィンストンの代表曲。64年リリースされ全米チャート1位に輝いた。

*10　『この世の果てまで（The End of the World）』62年にリリースされた大ヒット曲。作詞作曲・アーサー・ケント、シルビア・ティー。日本では、天地真理や竹内まりや、原田知世などがカバーしている。

の果てまで』とか。泣けるやつですね。男性がロマンチックになれる。そんなロマンチックな歌を歌えるっていうのがまた素敵なんですよ。気づけば、チェッカーズが久留米では一番人気になっていました。

鈴木　チェッカーズが長く人気を博し続けた理由として、フミヤさんのボーカル、クロベエさんのドラムスと、ユウジさんのベース、そしてマサハルさんの作曲能力があると思っています。

鶴久　デビュー当時からクロベエは上手かったのですが、上手いか下手かさえも、あの頃の僕たちは分析できないでいました。音を出せている！っていう快感だけでやっていましたね。女の子たちにモテるぞって（笑）。

　東京に出てきて、レコーディングをしながら自分達の足りない部分を認識し始めたんです。そうそう、上京したてでメンバー7人で初めて観に行ったライブバンドが、ビジーフォー[*11]だったんですよ。カバーの曲ばっかりやってて、すげえなあ、カッコいいなあって思いながら観ましたね。僕らがデビューして、《涙のリクエスト》の頃に、ウガンダさんから「おい、お前んとこのドラマー、めっちゃすげえぞ」って言われたんです。「えっ、そうなんですか？」って。当時、周囲の誰もが言いましたね、「チェッカーズのクロベエのドラムスはすごい」って。あ、あいつアホなのにすごいんだな……ってそれで認識しました。

鈴木　たとえば《ミセスマーメイド》のバック、ツッツンタン、ツタタンタンってね、8ビートとスウィングの間の見事なリズム隊。トオルさんのカッティングもよくって。ああ、上手いバンドだなあって。

鶴久　ちょっと大人のバンドの音ですよね。楽曲もそんな感じでね。

曲を作ることに存在理由を見出した時期

鈴木　遡って僕が興味あるのはもう一つ、第2期と言いますか、自作自演期のチェッカーズの音楽性についてです。シングル曲の作曲はコンペだったんですか。

鶴久　作曲はそうです。曲を作る人間が4人いて（トオル、ナオユキ、マサハル、ユウジ）、毎回曲出しをして、メンバーとレコード会社のディレクターとで丸、二重丸、特丸と投票して、ポイントの高い曲をもう一度聴いて、それで最終的にはフミヤさんが「これ歌いたい」って決めます。それが一番いい方法なんですよね。フミヤさんが歌詞を書くので、そのときイメージするものとか、書きたいことがあるでしょうから。それでバランスが取れていましたよ。

鈴木　一説によると、ナオユキさんはあまり曲数を持っていかないけど、マサハルさんは一度に何十曲と作って持っていったということですが。

鶴久　そうです。僕は20曲とか持っていって、ナオちゃんは1曲だけなのにそれが通ったりして。すげえなこの人って感じてましたね。

鈴木　その曲は、テープで持って行ったんですか。

鶴久　そうです。4トラック。皆同じ機材を持っていたので、ギター一本で、歌を入れて、ハモリとかリズムを一個入れて。チープな音ですけど……当時はそのくらいしかできなかった。

鈴木　ナオユキさんもギターで？

鶴久　そうです。ナオちゃんは、ギターめっちゃ上手いです。彼の曲が通るのは楽曲もいいけど、彼自身が歌も上手いから。デモテープを作るときに、トオルさんもユウちゃんもそんなに歌が上手くないし、4人のなかではナオちゃんが歌が上手かった。だからよく伝わる。

今、僕はアイドルの曲とかをコンペで出すんですけど、やっぱり歌が命です。歌ってくれる女の子の声質とかフィーリングが良くないと、聴いてくれるときに判断できない。メロディがどうのとかってわかりませんよ。歌がいいと、それがいい曲になるんです。

鈴木　メンバーによるシングル作曲パーセンテージを計算してみたんです。ナオユキさんが8曲で42%、マサハルさんが7曲で37%、ユウジさん2曲と、かなり高確率でマサハルさんが選ばれています。どんな理由がありますか？

鶴久　たくさん作っていたからじゃないですか。たとえばアルバム制作するときに他のメンバーは1、2曲しか作ってこないけど、僕は10曲とか作って持っていきますから。

＊11　ビジーフォー　77年結成。グッチ裕三、モト冬樹、ウガンダ・トラらによるコミックバンド。

鈴木　他のメンバーがお酒飲んで遊んでいるときに、マサハルさんお酒飲まないから……。

鶴久　音作るのが好きだったし、バンドやってて、僕はコーラスやってたわけじゃないですか。コーラスって極端に言えば、ボーカルがしっかりしていれば、いてもいなくてもあんまり変わらない。

だから、自分がチェッカーズの一員としてやらせてもらうには、何か、そこにいる理由がないと。で、一回落ち込んだ時期を経て、這い上がるときに僕は曲を作ることで頑張ろうと考えた。デビューから2、3年の頃でしょうか。22歳くらいのとき。

鈴木　「夜のヒットスタジオ」で、《ウィークエンド・アバンチュール》[*12]を演奏したときに、桑田佳祐さんが褒めてくれたんですよね？　それが、マサハルさんが作曲にいそしむ原動力になったとか。

鶴久　そうなんですよ！

名曲《Cherie》誕生秘話

鈴木　鶴久メロディの一番の特徴っていうのは、コード進行がシンプルなこと。だから、よけいな転調とか分数コードとか、テンションとかを使わずに、素材自体の味を生かしている。その象徴が《Cherie》だと思うんです。現在のJポップとかすごく転調を使うじゃないですか。マサハルさんは、意図的に使わないようにしていたんですか。

鶴久　僕はコードの知識がない。だからあのシンプルさになったんです（笑）。メジャーセブンスがどうとか、ナインスがどうのとかの知識がなくて、響きだけで作ってました。五線譜を読んだり書いたりし始めたのは、本当に最近になってからですよ。

鈴木　えーっ！　ちょっとビックリな結論ですが、つまり難しい音楽理論を知らなかったと。

鶴久　そうです。難しいものは聴いていたかもしれません。でも本能的にやっていただけで、五線譜で考えるような音楽理論を活かした曲は20代のときには作れなかった。逆にそれがよかったのかもしれませんね。自由だから。本能む

き出しで、それが形として魅力になっていったのかも。

鈴木　一つは、コード進行がシンプルだということ。もう一つは、繰り返しを多用してすごく耳に残る。「♪この恋が―決められた―運命な―ら―」のところのメロディとか。

鶴久　メロディが持つリズムですね。

鈴木　それは意識して作っている？

鶴久　意識はしていないけれども、オールディーズの楽曲って、そんな楽曲ばかりだった気がします。

鈴木　TOTOの『ロザーナ』[*13]って曲、あるじゃないですか。同じメロディが何回も繰り返されます。ビリー・ジョエル[*14]の『アレンタウン』とかね。アメリカンポップスの当時のヒット曲と近いものを感じるんですけど。

鶴久　出どころはそのあたりかもしれないですね。あとどこ

＊12《ウィークエンド・アバンチュール》　作詞・藤井郁弥、作曲・鶴久政治、編曲・芹澤博明。84年にリリースされたファーストアルバム『絶対チェッカーズ!!』に収録。

＊13『ロザーナ(Rosanna)』　TOTOが82年にリリースしたアルバム『TOTO Ⅳ～聖なる剣』に収録された名曲。

＊14『アレンタウン(Allentown)』　ビリー・ジョエルが82年にリリースしたアルバム『ナイロン・カーテン』に収録された名曲。

かしつこい部分があって、同じメロディを繰り返し繰り返し。僕は、好きになったら同じ肉をずっと焼いてずっと食べられる性質なんです。カレーにハマれば、毎日同じカレーを食べてしまう(笑)。曲を作るときにも、しつこいくらい繰り返す。皆が振り向いてくれるまで。

鈴木 《Room》のサビのところ「♪何も変わらない部屋ーでー」とか、降りて来た！って思いましたか？

鶴久 思ってないです。逆にダッサイのが出来てしまったなあって。ちょうどその頃、日本武道館でライブをやるんで曲を集めないとという時期で焦っていたんです。「わあ、どうしよう、演歌みたいな、歌謡曲みたいな曲が出来てしまった」って(笑)。あの曲は、『ダンスはうまく踊れない』[*15]の影響から来ているから。

鈴木 そこは本には出しませんよ(笑)。

鶴久 いや、書いてもいいですよ。石川セリさんに先日会って、承諾をもらいましたから。「セリさんの曲で大好きな曲があって、真似て曲を書いたことがあるんですよ」って言ったら「あ、そうなの。いいわよー」って(笑)。

鈴木 コード進行は『ダンスは～』と似ているかもしれませんが、メロディは違いますよね。歌謡曲っぽいと思われたんですか。

鶴久 歌謡曲もすごい好きだったから。自然に出てきたものは大事にしようとは思っています。

鈴木 チェッカーズ後期はわりと、レゲエとかスカっぽい曲も入りましたよね。あれはポリスとかの影響ですか。

鶴久 そうですね。ポリスの影響はすごくありました。僕は高校のときに、エルヴィス・コステロとかも聴いていて。でも、他のメンバーは聴いていなかったと思います。トオルさんはオリジナルアルバムを集めるのが好きで、ビートルズマニアだけど。クロベエは唯一、ブロンディとか。僕とクロベエだけは、流行のロックも少し聴いていましたね。

五線譜はいらなかった！

鈴木 レコーディングを指揮するのは誰なんですか？

鶴久 採用された曲を作った人が仕切ってやるんです。

鈴木 なるほど。はっぴいえんどとか、後期ビートルズと同じ構造ですね。ソングライターがリーダーシップをとってアレンジをする。編曲のクレジットが「THE CHECKERS FAM.」と表記されている曲というのは、そういうことですね。シングルを1曲レコーディングするのに、どのくらいかかるんですか。

鶴久　2日くらいです。その前に別のところで練習して1日目でドラムスの音を決めるまでにちょっと時間がかかるんですけど、クロベエの音が決まったら、皆で演奏する。ドラムスのテイクにベースをのっけて、ギターのっけて、キーボード乗っけて、一番最後にサックス。

鈴木　一番最初のベーシックトラックの録音は、全員でやりました？

鶴久　全員でやります。

鈴木　そこもビートルズと一緒だな。全員でやって、ドラムスは生かすと。

鶴久　そうです。で、ベースを細かく、納得いくまでやる。そのとき、僕が作っていて歌詞がない曲の場合は「ラララ」でとりあえずメロディを入れて。

鈴木　曲が先ですか？　詞が先のことは？

鶴久　詞が先だったことは一曲もありません。

鈴木　五線譜が読めなくても、コーラスって出来るものなんですか。

鶴久　できます（笑）。芹澤先生に、「はい、トニック（主音）、3度、5度、トップ、はい、やれ！」みたいに仕込まれたんで。僕はフミヤさんに対して3度のハーモニーだから比較的簡単なんです。ずっとアカペラとかやって鍛えられていたから、五線譜はいらなかったんです。

鈴木　ジョン・レノンの生誕50周年番組のときに、『All You Need Is Love』を皆で歌っていたでしょう？[*16]　メンバー全員、本当に歌が上手いですよね。

鶴久　実はクロベエが、低音が上手いんですよ。アマチュア時代はアカペラでしょっちゅうやってました。厳密には音が外れたりしているんですけど、ノリはいい。魅せるアカペ

＊15　『ダンスはうまく踊れない』　作詞作曲・井上陽水、編曲・矢野誠。1977年に石川セリ（井上陽水の妻）の6枚目のシングルとしてリリースされ、その後、高樹澪、中森明菜らがカバー、陽水自身もセルフカバーをしている。

＊16　『All You Need is Love』を皆で歌っていた～　1990年に日本で放送されたジョン・レノンの生誕50周年番組で、チェッカーズのメンバー7人全員でビートルズのこの名曲を歌っている。

ラっていうんですかね。ダンスしながらやったりしますから。

鈴木　あと、歌のことでいえば初期のフミヤさんのボーカルって、抜群だと思うんですけど、全部ダブルトラックにしています。あれはもったいないなって思うんです。

鶴久　あれはプロデューサーの狙いでした。ダブルトラックにすることでアイドルっぽくなるじゃないですか。魅力はありますよね。でも一方、そのプロデューサーは、「ダブルにすることは本当は恥ずかしいことだから」とはずっと言っていました。いつかダブルを外すようにならないとって。ということは、最初からフミヤさんを見込んでいたということですよ。

鈴木　初期のフミヤさんのボーカルはまだ食い足りない。100点満点ではないというイメージだった？

鶴久　プロからしてみると「まだ周りに強敵がいっぱいいるから、どうやったら目立つか？」っていう考え方だったんじゃないかと思います。僕は好きでしたけど。

鈴木　歌が上手いとか、下手とかいうよりも、アイドルっぽく、ニューウェーブっぽくしたいってこともあったのでしょう。

鶴久　西城秀樹さんが、『ヤングマン』の後あたりじゃなかったかな……ダブルでやった曲があったんです。歌が上手い方なのにね。それはそれで音として魅力的だな、面白いなって思って。当時、コーラスを入れるところは声をたくさん重ねたんですよ。右と左に分けて、より大人数で歌っている感じにして、トゲトゲしいところをちょっとマイルドにするみたいなね。

鈴木　メンバー全員で歌っていて、それをダブルにするってことですね。

ヤマハ脱走事件の真相

この本は基本、音楽を論じる本なので、ダブルトラックとか非常にマニアックなことを書いているんですけど、一つだけゴシップっぽいことをお伺いしたいんです——それが「脱走事件」なんです。高杢さんの本にありましたが、ヤマハを勝手に抜け出したとか？　当時の大人気バンドが、85〜86年あたりに脱走したってどういうことですか？

鶴久　脱走したのは、84年の1月です。83年9月にデビユーだったから、もう《ギザギザハートの子守唄》を出してますすね。《涙のリクエスト》が出たあたりかな。その頃に、ヤマハさんから僕らの意思とは違う曲をやりなさいって言われて。僕らは「嫌です。そんなのやってられるか！」って話をして、よし、もう夜逃げしよう！ってことに（笑）。僕ら、知恵がなかったから。

鈴木 わはははは！　実話ですか。それは誰が最初に言い出したんですか。

鶴久 なんとなくメンバー皆で、かな。捨てるものは何もないですからね。荷物も何もないし。そうしたら当時のプロデューサーさんが、「この住所の事務所を尋ねろ」とメモをくれたんです。「お前たちが寝泊まりできるところはあるから」って。でも、逃げるっていう感覚なかったんですよ。荷物をまとめて外に出たら、僕らの宿舎のお世話をしてくれていた松井さんっておばちゃんに出くわして、「あら、どこへ行くのー？」って（笑）。

鈴木 その宿舎っていうのは、アパートだったんですか？

鶴久 目黒にヤマハの会社があって、そこに喫茶店があって、その2階に住むところがあったんです。クリスタルキングのメンバーの一部の方もいました。たまにチャゲアス（チャゲ＆飛鳥）さんとか遊びにきたり。いつも飛鳥さんのキャッチボールの相手をしなきゃいけないの、大学（第一経済大学。現・日本経済大学）の先輩ですし。

鈴木 その脱走先っていうのが、スリースタープロダクション[*17]ですか。

鶴久 それはまだできていなくて、行ったところが、横浜銀蝿の事務所で。皆さんがリーゼントのところで1ヵ月くらい寝泊まりしていて。その間に《涙のリクエスト》が売れたんです。テレ東の「おはスタ」で1週間出演が決まったり、ニッポン放送の「オールナイトニッポン」の2部で出たりとかね。

そこからはもうハードで、事務所から衣装の入った鞄を持ってテレ東行って、トイレで泡の立たない青い石鹸で頭洗って……という生活でした。お風呂も入っていませんでした。それで生放送の「おはスタ」に出て、高杢さんは眠

＊17　スリースタープロダクション　1984年に設立された芸能事務所。アーティスト、スタッフ、ファンという3つの星がいなければ成立しないという思いからこの事務所名になったという。

たいから、サングラスして寝たまま出たり。

番組が終わると、テレビ局の朝食券をもらえるんですよ、味噌汁と生卵と白飯だけの。それで一日凌ぐ、みたいな生活でした。それで他の仕事行って、深夜に「オールナイトニッポン」の2部に出て、また、朝が来て「おはスタ」に行くんですよ、1週間。その「おはスタ」のときは、僕ら、スタジオから飛び出して、東京タワーの下、屋外でやらせてもらうことが多かったんです。で、出演初日の月曜日に50人くらい集まってくれて。火曜日には200人くらいに。水曜日からは500人……金曜日には、2000〜3000人くらい集まったんですよ。そこでレコード会社も、「火がついたぞ!」ってなりました。

そこから、「ザ・ベストテン」の今週のスポットライト、「トップテン」の話題曲のコーナー、「夜のヒットスタジオ」と、1週間のうちに3つの番組が決まりました。「これで売れないアーティストは、一生売れない、これで売れるやつはスコンと行く」って。それから、3月29日の中継のところまで行っちゃうんですよ。

鈴木　3月29日!「ザ・ベストテン」伝説の、南筑高校からの生中継!

鶴久　そうそう。夜逃げしてから、1984年の2月、3月と激動でした。風呂入ってないし(笑)。《涙のリクエスト》が1984年の1月、《哀しくてジェラシー》が5月、《星屑のステージ》が8月、《ジュリアに傷心》が11月くらいだったと思うんです。芹澤先生とかがずっといろいろやってくださって、いい曲をずっといただいて、その年末にはもう事務所を作る構想ができていましたからね。もう迷惑かけっぱなしです。言えないこともいっぱいあります、本当に。僕らが悪い。

芹澤廣明さんがジンクスを破ってくれた

鈴木　芹澤さんってやっぱり怖いんですか。

鶴久　ハッキリした性格でヤクザみたいな人です(笑)。「曲作りは、最後は執念だ」と教えてくれました。《夜明けのブレス》のときに「お前、一皮むけたな。いい曲作ってるじゃないか。聴いた瞬間にイケると思ったよ」って言ってくださったんです。「どうしてそう思ったんですか」と訊いたら、「あれはね、《涙のリクエスト》と同じなんだよ」って。でも僕はピンとこなくて。「わかんないの？　さてはお前、まだ五線譜読めないんだな」って。「すみません、謎を教えてください」って言ったら、《夜明けのブレス》は1オクターブでできているからだと。《涙のリクエスト》もそうだと。「1オクターブで出来ていると、カラオケで歌いやすいんだよ。発売してから長く愛されるタイプの曲だ」と。1オクターブの曲って、なかなか作れないんですよ。動きが狭いので。でも僕は、意識していなかった。「じゃあ、僕って天才ですか」って訊いたら「ま、そういうことにしとこうか」って言ってくれて（笑）。

鈴木　今はもう2オクターブ、2.5オクターブとかの曲が当たり前ですよね、ミスチルとか何オクターブ使っているのかと思うほど。作曲家・鶴久政治としては、芹澤廣明の存在は大きいですか？

鶴久　あのスケール感は出せないですね。《Song for U.S.A》とか、芹澤先生がアルバム用に作ってくださったバラードはもうスケールが半端ないんですよ。

鈴木　《Song for U.S.A》のどのあたりが芹澤ワールドなんですか。

鶴久　Aメロとサビです。当時作る楽曲は、Aメロとサビはほとんどコードが同じなんですよ。そういう時代だったんです。Aメロより、サビの方が3度か5度くらい上で歌う感じ。サビの裏メロのシンセのキーボードがイントロにくるってのがお約束でした。歌詞もいいですよね。売野さんと会った時にも、「あの歌詞は自分でも傑作だったかなって思う」って言ってましたし。

芹澤先生の曲は《Song for U.S.A》も好きなんですけど、《ジュリアに傷心》の一番最初のデモテープを聴いたときは、ああもう間違いない、すごいカッコいいなと思いました。その前、プロデューサーの萩原さんが《涙のリクエスト》までで契約が終わるということで、ほら、僕たち夜逃げとかしてるから（笑）。萩原さんのジンクスっていうのがあるんです。彼が担当をやめるとそのアーティストはそこで売れなくなるっていう……そのジンクスを、芹澤先生が「絶対に俺が破ってみせるから」と書いてくれたのが《ジュリアに傷心》だった。

鈴木　売野雅勇さんの書いた本に、売野さんが筒美京平さんにこう言われたというエピソードがありまして。「あんなに勢いのある作品（《ジュリアに傷心》）を、チェッカーズの生命線を握るこの時期に書けるなんて、乗っている証拠だし、とても凄いことだから、このブームは当分終わらないね」と言ったというんです。

鶴久　イエーイ！　神様（筒美さん）がそう言いましたか。

鈴木　「だからしっかり芹澤くんについて行った方がいいよ」って、売野さんに筒美さんが言ったらしいんです。このフレーズを僕が好きなのは、よく読めば、あの筒美京平が、芹澤廣明にジェラシーしてるってところなんですよ。

鶴久　これは芹澤先生から聞いたんですけど、《涙のリクエスト》のときに、「サビで、ミソラ～とくるラの音を使うように6度とか7度とかを芹澤くんはよく使うよね。これって新しいんじゃない」って筒美京平さんが誰かに言ってたという話を聞いて、芹澤先生、めっちゃ喜んでいたんです。あれはね、『スタンド・バイ・ミー』なんですよ。《涙のリクエスト》は、ミソラ～ソ～（♪なみだ～の～）だけど、『スタンド・バイ・ミー』はミソラ（♪When the night～）なの。

《Cherie》もそう。ミミファラソ〜（♪この恋が〜）なの。

鈴木 鶴久作品と繋がっている！

鶴久 そうなんです。初めて師匠の曲を真似たというか、そこまで行けたかなって。

Cute Beat Club Bandが楽しかった理由

鈴木 芹澤&売野コンビから離れることへの不安はありませんでしたか？　シングルが売れないんじゃないかな、とか。

鶴久 ありませんでした。その時にはもうヤマハから飛び出て、とんがっている自分たちがずっと続いてて、その間にもいろいろ物語があるんですよ。《Song for U.S.A》に行く前の、《OH!! POPSTAR》とか《神様ヘルプ！》のときに、僕らがバテていたんです。実力もないのに一気に人気が出て、プライベートもあってないようなもので、実家に帰っても親が親じゃない感じ、身内も変わったような感じがして。居場所がどこにもないというか。そういう時期って、7人とも重なるんですよね。それで、ブラウン管から7人の笑顔が消えてしまったと周りも気がついた。その時にレコード会社のディレクターの吉田（就彦）さんという人が、どうにかしないといけないってなって、マネージャーも心配してくれて、ポニーキャニオンの会議室に僕らが呼ばれたんです。そこにいたのが、秋元康さんでした。秋元さんが、状況は全部聞いたと。だから皆がアマチュアのときに大事にしていた、おもちゃ箱をひっくり返したような、コミカルな部分、楽しい部分を企画にしてみようかという話になったんです。

「チェッカーズって名前を一度外してさ、ビートルズも一回外してやったでしょ（Sgt. Pepper's Lonely Hearts Club Band）。Cute Beat Club Bandって名前にして面白いことをやろうよ」って。

そのときはまだ半信半疑で、企画ばかりが先行して、気持ちはついていってなかったんですけど、現場に行ってやるようになった時に、後藤次利さんが演奏したり、山木秀[*18]

*18　山木秀夫（やまきひでお）1952年生まれ。日本を代表するセッションドラマー。井上陽水、中島みゆき、坂本龍一など数々の大物ミュージシャンのアルバムに参加。2014年よりドラムスクールを全国に展開している。

夫さんがドラム叩いたりして、リズム隊はそこで目の色が変わるんですよ。

鈴木 ユウジさんは後藤次利さんに影響を受けているんですよね。

鶴久 そうです。後藤次利さんが使っていたスペクターを、金がないのに買いに行って、クロベエはどっから工面したのか、山木さんの使ってたソナーのドラムを買ったんですよ。で、リズム隊はそこから一気に上手くなっていった。めちゃくちゃ楽しくて、アマチュアの時の気持ちを秋元さんが思い出させてくれて、またチェッカーズの方に気持ちを戻らせてくれた。その企画が2回あって、2回目が87年で、僕らがオリジナルに移行するくらいの頃。そのときに秋元さんが、僕の曲を使ってくれたんです。それが《7つの海の地球儀》。同時に秋元さんがやっていた、ゆうゆっていうおニャン子クラブの子のシングルも、僕が書いた曲を使ってくれたんです。『25セントの満月』っていう曲で、僕が作曲して秋元さんが詞を書いてくれた。その流れで当時、沢田研二さんの曲も書くことも出来たんです。『僕は泣く』という曲ですけど。

あくまでも本流は、売野さんと芹澤先生なんだけど、秋元さんにそうやって音楽の素晴らしさを教えてもらって、感じさせてくれて、元に戻してくれたから、秋元さんにはめちゃ感謝しているんです。

鈴木 Cute Beat Club Bandには、そんな大きな意味があったんですね。

鶴久 本物のプレイヤーを間近で見て、みんなともう一度練習するしかないな、音楽って楽しいなって気持ちになったんです。秋元さんが書いてくれた《NEXT GENERATION》という曲があるんですが、「大人にはわからない　何かを探してる　僕等はいつも〝その後の世代〟」っていうフレーズがあって。これすげえな、《スタンド・バイ・ミー》の映画の世界みたいだって。洒落たことするなあって思いました。

鈴木 《NANA》の頃から一気にリズム隊が変わりましたよね。ドラムスとベースの心機一転も影響したのかもしれないですね。

鶴久 そういう恩人たちの存在が、要所要所であったんです。

自作を今、振り返って思うこと。

鈴木　チェッカーズのシングルの鶴久作品について一曲ずつ思い出を伺ってもいいですか。

まずは《WANDERER》。これは変わった曲です。ここから《Cherie》を頂点とするマサハルさんの煌びやかな作品群の中では、《WANDERER》は実験作と言いますか……。

鶴久　これはルビー&ザ・ロマンティックス[19]っていうコーラスグループからヒントをもらって、テンポを上げてとがった感じにして作った曲です。まだ自分の中で、シングルとしてまとまってないですよね。初めてシングルに選ばれて嬉しい！ってだけで。まだ自分たちで吟味できる余裕がなかった頃の作品です。

でもこの頃は、ライブがすごい楽しくなってきた時期なんです。ライブでは盛り上がっていたから、ファンの人との距離が近くなっていたような気がしてました。一方、楽曲は、それまでは「お茶の間受け」を狙っていたのに、急にお茶の間のほうを見なくなったのは確かです。

鈴木　確かにフミヤさんはこの頃、楽しそうに歌っていましたね。踊りも派手でね。アルバム『GO』はジャケットも生き生きとして、これが俺たちなんだ！って感じが出ていますもんね。ちょっとクールスっぽくね。

鶴久　全員で革ジャン着てね。

鈴木　次、《Jim & Janeの伝説》。

鶴久　《Jim & Janeの伝説》は、《ONE NIGHT GIGOLO》（武内享作曲）と競合して、ちょっと負けた、みたいな曲だったんです。

メロディ自体は、昔のオールディーズにヒントを得たのですが、「これは間違いなく美空ひばりさんの曲からパクったろ？」って言われました。ひばりさんの曲でそういうのがあるらしいんです。サビに行く最初のところのメロディは今までと違う雰囲気にして、なんか当ててやろうっていう、背伸びした感はありました。それが逆にコード的にゾクッときて、自分の中ではポップスと言えばポップスなん

＊19　ルビー&ザ・ロマンティックス　1961年に結成されたR&Bボーカル・グループ。当初は女性グループであったが、途中から男性も参加した。ヒット曲に『アワ・デイ・ウィル・カム』など。

です。でもチェッカーズのサウンドが乗っかることによって、ちょっととがった部分がマイルドになったりして。

鈴木　この本では、久留米のヤンキーが突然、《NANA》あたりから東京の西麻布のカフェバーでオシャレさんになっちゃった、僕はそれが嫌だったんです。ただし、《Jim & Janeの伝説》では久留米のヤンキーが戻ってきた。バイクで、「ホットロード」[*20]でね。何か議論はあったんですか。もう一回やっぱり暴走族やろうぜ！　みたいな。

鶴久　それはなかったですけど（笑）。でもこの時期に高杢さんがハーレー買って、フミヤさんも買って、ユウちゃんも買って……バイクで仕事に来て、バイクで出て行くみたいなね、クールスみたいな、そんな時期でしたよ。

鈴木　シングル盤を見ると、バランスがすごく取れている。僕は今回、東京の地名で分析したんですけど、《NANA》は西麻布の高級マンション、《I love you. SAYONARA》は新宿の歌舞伎町あたりで手を振っている感じ、でも、《WANDERER》には、ロンドンぽい感じがありますが。後期のチェッカーズは、一つの方向性に収れんするのではなく、絶えず360度を見ている。それはチェッカーズが、一人だけが決定権を持つのではなく、皆でわいわいがやがやりながら曲を作っていったからだと思うんです。本当にバランスがいい。

鶴久　作曲陣が4人いたので、そのエネルギーがいい形になったのではないかな。僕だけが作っていたら、もっとポップス寄りになっていたかも。

鈴木　《ONE NIGHT GIGOLO》では、東京のカフェバーで女とイチャついて、そこでまた久留米に戻ってきて（笑）。

鶴久　（筑後弁で）「東京はちょっと合わんで、実家に帰るか」みたいな。

鈴木　「行こうぜ、ピリオドの向こうへ」という歌詞をフミヤさんは、よく書けましたね。

鶴久　すごいよね、あれ、そのまま氣志團で使えるかもね（笑）。ピリオドの向こうってなんだろうな。なんでしょうね。毎朝朝方まで遊んでたから、そういう感じがするんでしょうかね。

鈴木　そして《Cherie》です。本書ではとにかくこれが、チェッカーズを代表する曲だと僕は言い切っています。

鶴久　ありがとうございます。《Cherie》はシングルに選ばれるとは思ってなかったですね。《Room》《Cherie》《Friends and Dream》の3作品は不思議な流れですね。僕が冴えてたんじゃなくて、他の3人が当時、冴えてなかった。だから選ばれたんだと思います。そういう流れもあります。

鈴木　《Cherie》を作ったときに、大傑作だという手応えはなかった？

鶴久　フミヤさんが詞を書いて、歌いあげてみて初めて、「来た！」と思ったんじゃなかったかな。デモテープのときは、Bメロには僕はもう「シェリー〜」って歌ってたんです。あそこだけは、なぜかシェリーって言葉がぴったりだなと思って。仮タイトルも「シェリー」でした。

《Room》のときはそういうのは何もなかったんですけど、春の発売だったので、「春なのに秋」っていう仮タイトルつけていましたね。これ、そのまま行ったら面白いかなとは思いましたけどね（笑）。

鈴木　では、《Friends and Dream》。

鶴久　これは《Cherie》とか《Room》よりも、自分の中では選ばれて納得のメロディでしたね。こんな、クサイのと熱いのののギリギリのところもいいかなと。

鈴木　リスナーとしての深読みですが、この辺でね、メンバー同士の関係が悪くなってきているんじゃないかと思ったんです。「俺たちはいつからガキじゃなくなったんだろう」ってところは、ビートルズの『Get Back』みたいに、もう一度ピュアなロックンロールを愛するあの頃の気持ちに帰ろうぜっていう、フミヤさんのメッセージがあったんじゃないかと。

鶴久　こういう歌詞が来るんじゃないかなって、僕は予感がしてました。フミヤさん本人のプライベートの変化なのか、考え方の変化なのか、突っ込んで訊いたことはありませんけど、この辺からちょっと変わってきた感じはありましたね。でも、メンバー間のゴタゴタというのは実は、一切ないんです。

鈴木　そうなんですか。

＊20　ホットロード　紡木たく作。1986年から1987年まで「別冊マーガレット」に連載された、暴走族のリーダーに恋した少女の挫折と成長を描いた伝説の漫画作品。《Jim＆Jane の伝説》は、フミヤがこの作品を読んで歌詞を書いたのでは、という噂もある。2014年の映画化のときに、「主題歌は尾崎豊じゃなくてチェッカーズでしょう！」と思ったファンは多くいたに違いない。

鶴久　でも、フミヤさんに若干の変化があったから、少し距離は置き始めたんですね。それまでは、毎晩のように皆で食事も行ったりしてたけど、そういうこともなくなって。

鈴木　唯一、チェッカーズの歴史を語る高杢さんの本では、この頃はもう、めちゃくちゃだったとありますが。

鶴久　そうでもないです。僕にとっては、少なくとも。二人の間には、いざこざがあったのかもしれないけど。

鈴木　じゃあ、メンバー内のゴタゴタではなく、あくまでもフミヤさんの変化だったのかな。

鶴久　だからこの《Friends and Dream》の詞が書けたんじゃないでしょうか。この詞を書いた後に、フミヤさんは個人的にちょっと休業をしたいと、表向きにはしてなかったけど、この曲が年末に出た後、年明けに3～4ヵ月くらい、ロンドンに行っていたんですよ。

その間に僕たちは、次のアルバムのオケ作りをずっとやってたから、チャッカーズとして活動はしていたんだけど。

フミヤさんは僕たちに比べると何十倍も何百倍もプレッシャーがある中でずっとやってきていたので、心境の変化、あとはリードボーカルとしてずっと背負ってきてたものがあって、ガス欠になったんじゃないかなと思います。

鈴木　マサハルさんはよく、《夜明けのブレス》がご自分の曲の中で一番好きだと発言されていますが。

鶴久　一番人気がありますね。で、一番短時間でできました。2分半くらいで出来たんです。

鈴木　えっ？　実際の曲より短いじゃないすか（笑）

鶴久　Aメロ、Bメロ、サビまでが2分くらいですから。

鈴木　シンプルですよね。個人的にはこの曲は、あまり得意ではないとこの本に書きました。けれん味のなさが作曲家・鶴久政治の魅力と知りつつも、さすがにシンプルすぎやしないかと。コードは基本【C】と【F】と【G】という主要三和音のみ。キーも【C】と、ド直球。

鶴久　ちょっとお豆腐みたいなね。大豆の旨味だけ（笑）。

鈴木　お醤油もかかってない！　日本酒か焼酎があればねえ（笑）。

鶴久　本当にそう（笑）そもそもアルバムの1曲だったのが、フミヤさんの結婚が決まって、メディアに発表する前で、レコーディングで何か出来ないかなと思って、鐘の音を入れたんです。「おめでとう」って面と向かって言うのが恥ずかしいからね。で、フミヤさんからこの詞が上がってきたんです。

鈴木　曲は、あえてシンプルにしましたか。

鶴久　当時、一番聴いていた曲がジョン・レノンの『イマジン』だったんです。出来上がった後になんか似てるなと思ったら、やっぱりコードの流れが。イマジンの節々がね。

鈴木　『イマジン』も【C】ですからね。【C】と【F】ね。

鶴久　メロディに自分が納得してこの曲は強いなと思っても、採用されるかというとそうでもなくて、やっぱり一番大事なのは、ボーカリストの雰囲気、歌声、次にメッセージのある歌詞で、その次にメロディですね。

でも、《ミセスマーメイド》を作ったときに、こんなに曲が広がるのかっていう体験を初めてしましたね。

鈴木　曲が、広がる？

鶴久　広がる。サビで広がる。「恋しくて～」って歌がきた時にブワッと広がる。すげーなーと思って。メロディだけだとあの世界観の広がりは、「ラララララ～」だけで誰も感動しない。

鈴木　この曲の頃が、チェッカーズの演奏力が一番高く極まっていた頃かと。

鶴久　確かにここからが、後期の一番いい感じでしたね。精神的には《NANA》からぶっちギレて行くぞ！　みたいな感じになってましたけど、それぞれがどんどん上手くなってきたんです。

ユウちゃんとクロベエは、先も話したように秋元さんがやってくれた企画をきっかけに、上手くなっていって、ナオちゃんも、フミヤさんと一緒でイントロ全部やらなきゃいけない、アルバムの曲もやらなきゃいけないってことで、プレッシャーを感じている時期だった。お酒をめっちゃ飲むようになって。かなりプレッシャーがかかっているんだなと感じていました。ナオちゃんは、「天才天才」って言われて、後藤次利さんにも認められて、次利さんから声かけられて自分のソロのアルバムを作ったりしてますから。天才って言われるのは嬉しいんでしょうけど、まだ若くて引き出しもそんなにないから、そのプレッシャーはあったと思います。

鈴木　《ミセスマーメイド》のオケつくりのときとかって、チェッカーズ、すごいグルーヴになってきたな、みたいな感覚はありましたか。

鶴久　ありましたね。カッコよかった。ドラムスから始まるイントロってそれまでなかったんじゃないかな。

鈴木　16と、8ビートと、シャッフルのちょうど中間くらい。

鶴久　あれ、難しいんですよ。もっとテンポを遅くすると、ほんとはもっと跳ねられるんですけどね。メロディがあって、歌詞もあってのことだから。あれは難しかった。初めてというか、それまで8ビートぽかったんですけど、16ビートになってきて、トオルさんがギターにハマり始めたんですね。それまではサックスがメインですけど、このあたりからはギターも結構きてますね、ナオちゃんは少し楽になったのかも。

ロックの人は多いけど、ロールの人が少ない時代

鈴木　第二期のチェッカーズは、民主的なバンド運営と言いますか、誰かが決定的なメンバーではなくて、皆でアイデアを寄せ集めて曲を作っていった。

鶴久　そうですね。そのあとぐちぐち言う奴も誰もいないし。

鈴木　プレイヤーファーストになっていった。いいバンドですね。

鶴久　本当に恵まれていたんです、本当に。

だから僕らも高熱が出ようが、骨折しようが、ライブを飛ばしたことは一度もない。足にギプスしたままライブやりましたよ。すごいですね、当時の精神力みたいなものって。

鈴木　この本は、日本ロックンロール・バンドの歴史として、スパイダースに始まり、キャロルを経て、チェッカーズという、ロックンロール・バンドとしてのチェッカーズというのを浮き彫りにしたつもりです。どうですか、今思い出して、マサハルさんにとってのチェッカーズとは？

鶴久　最近のバンドは、ロックンロールのロールがないんですよ。ロールって何かなって思ったら、ちょっとおしゃれな部分のことかなって思うんです。エルビス・プレスリーは楽曲の良さ、パフォーマンス、ファッション、この3つが良かった。今のロックバンドの人たちは、立ったまま演奏している人が多い。パフォーマンスのところがちょっと薄いかなと思うんです。

鈴木　そのロールの部分が、チェッカーズは異様に充実していた。

鶴久　ロックの人は多いんですけど。ロールの人が少ない。

鈴木　やっぱりチェッカーズは、日本最後のロックンロール・バンドだと思います。最後に訊いていいですか？　再結成の話はないのですか？

鶴久　クロベエが亡くなって、《Friends and Dream》の歌詞にあるみたいに、6人それぞれが、自分が一人で考える場所を見つけて、ダイヤモンドみたいに光ったら、今度会ったときに、胸を張って会える。再結成とかではなくね。今の自分のままだとメンバーに会えないけど、誰かに曲を作ってヒット曲が出たら、また会えますもん。

それで、もしメンバーから曲を作ってと言われたら、昔のつながりでなく、今の自分の才能で恩返しができる。そこまでにならないといけないなと思います。

鈴木　どうもありがとうございました。

２０１８年12月　都内にて収録

オリジナルアルバム紹介

7th『Seven Heaven』

1989年7月19日発売

『Seven Heaven』

❶ Welcome to my planet earth!!
作詞：藤井郁弥　作曲：武内享　編曲：THE CHECKERS FAM.

❷ IT'S ALRIGHT
作詞：藤井郁弥　作曲：武内享　編曲：THE CHECKERS FAM.

❸ Prologue
作詞：藤井郁弥　作曲：鶴久政治　編曲：THE CHECKERS FAM.

❹ That's why my darling
作詞：藤井郁弥　作曲：武内享　編曲：THE CHECKERS FAM.

❺ Room
作詞：藤井郁弥　作曲：鶴久政治　編曲：THE CHECKERS FAM.

❻ HEART IS GUN ～ピストルを手に入れた夜～
作詞：藤井郁弥　作曲：大土井裕二
編曲：THE CHECKERS FAM.

❼ 80%
作詞：藤井郁弥　作曲：鶴久政治　編曲：THE CHECKERS FAM.

❽ 素直にI'm Sorry
作詞：藤井郁弥　作曲：藤井尚之　編曲：THE CHECKERS FAM.

❾ Love Song
作詞：藤井郁弥　作曲：武内享　編曲：THE CHECKERS FAM.

❿ サ・ヨ・ウ・ナ・ラ
作詞：藤井郁弥　作曲：大土井裕二
編曲：THE CHECKERS FAM.

1990〜1992

終焉。

『ザ・ベストテン』に続き、人気長寿歌番組だった『夜のヒットスタジオ』も1990年10月に終了。チェッカーズも以前ほど歌番組に出る機会はなくなり、メンバー単独でのテレビ出演や音楽活動が増えてくる。とは言うものの、夏と冬に行う全国ライブツアーは解散時まで欠かしたことはなく、結束感が失われることもないように見えた。92年夏のツアー「Blue Moon Stone」のツアーパンフには、7人のメンバーによる、こんなアンケート結果が載っている。

Q　この10年間を色に例えれば何色だったでしょう？

・レインボー／4人　・色々な色／1人　・赤／1人　・緑／1人

Q　この10年間は時間がたつのが？

・早かった／6人　・どちらともいえる／1人

Q　この10年間に、あなたにとって一番変化したことは？

・知識／1人　・すべて／1人　・自分自身／1人　・体／1人
・顔つき／1人　・田舎者根性／1人　・自分ではわからない／1人

track 22

運命（SADAME）

「8ビートから16ビートにいくのは、
すごい努力と勉強がいるってことがわかったね」

フミヤ

『月刊カドカワ』1992年7月号

売上枚数
13.4
万枚

オリコン
最高位
2位

作詞：藤井郁弥
作曲：藤井尚之
編曲：THE CHECKERS FAM.
1990年3月21日発売
＊マツダ『マツダ・ファミリア』CMソング

チェッカーズをチェッカーズたらしめていたものの放棄。言わば、解散という「運命」への前奏曲

時代は90年代へ。1990年3月の発売だから、その4月から社会人となる私は、ロンドンとパリへの卒業旅行に行っているあたりの時期である。成田からキャセイ航空の「南回り」航路でロンドン・ガトウィック空港へ。確か20数時間かかったと記憶する。そして、チェッカーズに残された時間はあと2年足らず。

卒業旅行に行っていたせいではないだろうが、このシングルの記憶は薄い。約14万枚売れているのが信じられない。岡村靖幸やユニコーン、フリッパーズ・ギターで、頭の中がいっぱいだったこともあり、正直言えば、「90年代にもなったし、社会人にもなるし、もう今さらチェッカーズでもないだろう」という感じもあった。

それでも、名曲《Cherie》は言うまでもなく、「Jポップの予兆3部作」とでも言える《素直にI'm Sorry》《Friends and Dream》と、この曲の次のシングル＝《夜明けのブレス》は記憶に確かに残っているのだ。相対的にこの曲のインパクトが弱かったことは否めないだろう。マツダ・ファミリアのCMソングと言われても、まったく思い出させない。なぜか。

今あらためて聴いて、その理由は音にあると思った。かなり当時のトレンドに寄せた音である。それも、トレンドの音を間借りした（チェッカーズ一流の）パロディサウンドというより、真正面から本気

＊1　高木完（たかぎかん）　1961年生まれ。DJ、音楽プロデューサー、クリエイティブ・ディレクター。ヒップホップをいとうせいこうとともに日本に広めた。スチャダラパー、ECDなどをプロデュース。

＊2　藤原ヒロシ（ふじわらひろし）　1964年生まれ。ファッションデザイナー、ミュージシャン。80年代にDJカルチャーを日本に広めた。ストリートファッションの仕掛け人としても知られる。

で取り組んでいる音作りなのだ。逆に言えば、チェッカーズらしさがすぽっと抜けている。

その「トレンディ」な感じを具体的に示すのは、この曲をリミックスした、クラブDJ用アナログ盤が作られたという事実である。そのプロデュースに参加したのは高木完[*1]だったという。

高木完とは、個人的には、異常に懐かしい名前だ。高木と藤原ヒロシ[*2]のユニット＝「タイニー・パンクス」は、80年代後半の日本にヒップホップやラップを根付かせた2人組で、88年から89年の春、私が大学3年生の頃、スタッフとして出入りしていたFM東京（現TOKYO FM）の番組＝「東京ラジカルミステリーナイト」にも、度々出演していた人。

13年のインタビューで、自らの80年代について、フミヤはこう語っている。

――「藤原ヒロシとか、高木完ちゃんとかをはじめ、みんな友達でしたよ。当時の環境は、東京アンダーグラウンドでしたね。ツバキハウス[*3]や玉椿といったディスコ、大貫憲章[*4]さんのロンドンナイトにはよくいきました。昔は携帯がなかったから、いきなりお店に遊びにいく。『いってみるか』とかいって。するとみんなやっぱりそこにいて。『いると思った（笑）』とかいってね。盛り上がりますよ。今はそんなふうにできない（笑）」　出典：「携帯ない青春時代から送るリアルな歌世界　藤井フミヤ」（SankeiBiz）

要するに、当時の「トレンディ」の代表のような人物だった高木完が、私的に交流していたチェッカーズと、音楽の面でも手を組んだのだ。単に、一緒にクラブDJ用アナログ盤を作っただけではないかと思われるかもしれないが、今から考えると、これは案外決定的な事柄ではなかったかと私は思うのである。

「グループサウンズ（GS）とキャロルをミックスしたようなバンドが、80年代の日本に舞い降りた」

というのが、チェッカーズの根源的なコンセプトだったと思う（このコンセプト作りには、故・秋山道男の貢献が大きい）。ＧＳのようなキュートな見てくれで、キャロルのようなロックンロールを奏でる７人組。それがチェッカーズだった。

しかし、自分たちが活動の主導権を獲得する中で、それらを捨て去り、「80年代後半の東京性」にすり寄った。それは必然だったと思う。それでも、その「東京性」の隙間からポロポロとこぼれ出す、オールディーズ・パロディ性（＝ＧＳ性、キャロル性）がまた格別だったのだ。

それなのに。リミックスだ、クラブＤＪ用アナログ盤だ、高木完だとなれば、これはもう本気である。オールディーズ・パロディ性など、かけらも無い。「久留米のヤンキー」だった事実は、履歴書からすっかり消去されている。

武内享が主導したと思われる、チェッカーズとのヒップホップ人脈との連携。それは本人たちにとっては必然だったと思うし、進化だと信じていたのだろう。しかし今となっては、チェッカーズ解散を促した大きな要因のように思える。チェッカーズをチェッカーズたらしめていたものの放棄なのだから。

言わば、解散という「運命」への前奏曲。大好きだったチェッカーズが、80年代に閉じ込められていく。

＊3 ツバキハウスや玉椿　70年代終わりから80年代初めにかけて、日本のディスコブームを牽引した伝説のディスコ。新宿にあったのがツバキハウス。六本木にあった姉妹店が玉椿。

＊4 大貫憲章（おおぬきけんしょう）　音楽評論家、DJ。イギリスのバンド「QUEEN」を日本に紹介したことで知られる。DJイベント「ロンドンナイト」を現在も主催し続けている。

track 23
夜明けのブレス

「やっぱり、どっか手作りっぽい、温い、
歌いやすいものを求められているみたいですね。」
マサハル

売上枚数 28.5万枚

オリコン最高位 2位

作詞：藤井郁弥
作曲：鶴久政治
編曲：THE CHECKERS FAM.
1990年6月21日発売

君のことを守りたい――。フミヤの結婚式で本人が歌唱

――シングルの《運命》の枚数がイマイチ伸びなかったでしょ？　新しめのサウンドでいってみたんですけど難しかったわけです。セールス的には。ファンの反応もね。やっぱり、どっか手作りっぽい、温い、歌いやすいものを求められているみたいですね。

――この時期には親近感のある曲がいいんじゃないかって。「運命」の後だっただけにね。テレビにも出ていなかったし、結婚は決まるしで、これは王道を行っとかないと危ないぞ、と（CBS・ソニー出版『PATi・PATi増刊STYLE』90年12月）

この曲に関する、90年末のマサハル発言。この発言と売上データから類推できることは3つ。

1　当時のチェッカーズは、売上枚数の動向を見ながら、シングルの選曲の戦略を議論していたこと。

2　その議論の結果を受け、「手作りっぽい」「歌いやすい」「王道」というコンセプトで、マサハルがこの曲を書いたこと。

3　そして、その戦略が見事に奏功。29万枚という、「第1期チェッカーズ」時代以来の水準でヒットしたこと。

今となってつくづく感心するのは、特に「1」についてである。メンバー（やスタッフ）でしっかりと議論して、シングル選曲の「バランス戦略」を考えていること。詳しくは分からないが、当時のこ

と、そういう賢明なバンドは少なかったと思われる。そして、その賢明さが、チェッカーズを翌年まで生き長らえさせたと考えるのだ。

また、その「バランス戦略」の中で生まれた方向性＝「手作りっぽい」「歌いやすい」「王道」というコンセプトに対して、それを見事に具現化する曲を書けた作曲家マサハルの功績も大きいと思う。プロフェッショナルな仕事だ。

それにしても、飛躍的な売上枚数である。前作の《運命（SADAME）》にダブルスコアを付けている。メンバーたちの予想を超える水準ではなかったか。なぜここまで売れたのか。

当時の記憶を辿ると、マサハル発言にもあるように、フミヤの結婚が大きく影響したと思われる。このシングルの発売日の直後＝90年の6月29日に、フミヤは幼なじみの一般女性と結婚式を挙げる。

この「幼なじみの一般女性」というのが良かった。芸能界でちらほらと浮いた噂もあったモテ男＝フミヤが、芸能人女性ではなく「幼なじみの一般女性」と結婚するという話に、ファンが安堵・感動し、言わば「結婚祝賀曲」としてのこの曲を支持したと記憶する。

ただ、個人的には、この曲はあまり得意ではない。まず曲として、けれん味の無さが、作曲家マサハルの魅力と知りつつ、さすがにシンプル過ぎないかと思うのだ。

コードは基本【C】と【F】と【G】という、主音3和音のみ（キーも【C】とど直球）で、たまに【Em】や【Am】【D】が入るだけというのは、「手作りっぽい」「歌いやすい」「王道」という狙いに忠実すぎると思う。

あと歌詞について、「結婚祝賀曲」狙いとしても、内容がスウィート過ぎる。私のようなひねくれ者は、「こういう歌は家族の中で歌ってくれ」と思ってしまう。何度も何度も繰り返すが、私は「久留米のヤンキー」性を愛する立場に立つので、チェッカーズの歌詞には、ヤンキー性の爪痕が残っていてほしいと思うのだ。

ひねくれついでに余談をすれば、世間は「ヤンキーの更正物語」が好き過ぎると思う。「過去に傷があった若者が、しっかりとした職に付き、所帯を持ち、子供も何人か生んで――」みたいな話に、必要以上の称賛をする風潮があると思う。

「しっかりとした職に付き、所帯を持ち、子供も何人か生んで」という結果論は平凡な話。しかし、それがマイナスからの出発だったからと、特別な価値があるように勘違いをする風潮。不良出身者には、麻雀用語でいう「一翻（いーふぁん）」乗せてしまう風潮。私は、そういう風潮が嫌なので、逆に、例えば「暴走族出身」を売りにしている俳優や芸人の評価を下げるのだが。

話がそれた。そこまで極端な話ではなくとも、この曲のヒットにも、「昔いろいろあったフミヤが、その流れで芸能人女性と結婚するのではなく、地元の幼なじみと所帯を持ってくれました、良かった良かった」的な「一翻」が作用した感じがするのだ。

と、ここまでひねくれたことを書いて、また立ち止まる――もしかしたら、フミヤは、そういう「ヤンキーの更正物語」需要まで見越して、こういう歌詞を書いたのではないか？　これはかなりあり得る。そうなってくると、やっぱりフミヤは頭がいい。悔しいほどに。恐れ入りました。

track 24

さよならをもう一度

「この曲は、ライブで聴く方が好きです。
2コーラス目に入ったところから流れる
トオル氏のギターの音が素晴らしいので。」

ファンの声

売上枚数 14.3 万枚

オリコン最高位 7位

作詞：藤井郁弥
作曲：藤井尚之
編曲：THE CHECKERS FAM.
1990年11月21日発売

＊1　ザ・タイガース『嘆き』　作詞・安井かずみ、作曲・村井邦彦、編曲・東海林修。69年7月5日発売。加藤かつみ脱退後、岸部シローが初参加したシングル。売上枚数18.2万枚。

メンバー再結成ツアーを夢想してみよう。ラストはこの曲がいい。願わくば福岡ヤフオクドームで！

売上枚数は14万枚に逆戻り。さらには最高位が7位。これはデビュー曲の《ギザギザハートの子守唄》の8位以来という低水準。低水準とは言え、ベストテンに入っているのだから、立派と言えば立派なのだが――いや、やはり凄く立派だろう。皮肉っぽい言い方をすれば。

というのは、この曲、私にはいよいよチェッカーズらしさの薄っぺらい、普通の歌謡曲に聴こえたからである。これで7位というのは立派立派。「何があってもチェッカーズのシングルを買い続けるぞ」という、根強いファンの存在を感じずにはいられない。

ご存知の方がいればいいのだが、私が当時、この曲を聴いて想起したのは、沢田研二が在籍したザ・タイガースの後期のシングル『嘆き』[＊1]だ。

『嘆き』とは、『僕のマリー』『シーサイド・バウンド』『モナリザの微笑』『君だけに愛を』『花の首飾り』『シー・シー・シー』と、可愛らしいバラードと、激しいロックンロールを交互にシングル化することで、グループサウンズ（ＧＳ）の頂点を極めたタイガースが、１９６９年、ＧＳの退潮を見据えてリリースしたシングル。

タイトルからして暗いのだが、曲調も歌詞もこれまでとは異なる、陰鬱でネガティブな、まるっきりの歌謡曲。沢田研二と並ぶタイガースのツートップだった加橋かつみの脱退後初のシングルということも影響したのか、「バンド感」の極めて薄い、沢田研二のソロのような音作りだった。

今から考えると、その『嘆き』という曲は、沢田研二ソロへの布石だったことが分かる。『嘆き』と同年の12月、沢田研二はタイガースに在籍しながら、ソロアルバム『JULIE』を発売しているし、そのアルバムのスタッフは、『嘆き』と同じく、全曲が作詞：安井かずみ、作曲：村井邦彦、編曲：東海林修。このように、タイガースに在籍しながら、ソロへの布石を周到に準備していたことが、後のソロ・沢田研二の大ブレイクにつながっていく。

タイガースだけでなく、ブルー・コメッツもスパイダースもテンプターズも、あらゆるGSは、最終的に、歌謡曲（演歌）もどきのような曲を歌って（歌わされて）解散した。遅れてきたGSマニアだった私は、そういう事実を当時から心得ていたので、この《さよならをもう一度》を聴いたときにピンときた。これはチェッカーズ、長くないぞと。

その予想は、半分当たって半分外れた感じなのだが（人気を持続させながら、解散まであと2年かかった）、とにかくこの曲は、私には、いわゆる歌謡曲に聴こえた。チェッカーズらしさを感じることが出来なかったのだ。

とは言え、GSとチェッカーズには違いがあって、チェッカーズの方が選曲や音作りに、メンバー自身が深く関わっていたのだ（GSの中でもスパイダースは、かなりメンバー主導だったが）。ということは、この曲の歌謡曲路線にも、メンバー自身の意志がある程度は入っていたということになる。邪推すれば、クレバーなフミヤは、自らの解散後のソロ活動を、ある程度予見して、歌謡曲路線という方針を進めたのではないか。

さて、タイガース解散から42年経った2013年、タイガースはオリジナルメンバーで再結成、日本武道館に始まり東京ドームで終わる全国ツアーを展開した。その背景には「何としてもう一度、オリジナルメンバーで集まりたい」という、沢田研二の強い思いがあった。

それを知っているだけに、日本武道館や東京ドームに足を運んだ私は、サポートメンバー無し、オリジナルメンバーだけによるオリジナルな演奏を聴いて、泣いた。再結成モノには決して甘い点数を与えない私だが、これだけは違うんだ。

ビジネス前提で仕組まれた他の再結成モノなんかと、これだけは違う。

無論、ここでテーマにしたいのは、チェッカーズの再結成のことだ。既にクロベエが亡くなっているので、オリジナルメンバーでの再結成は無理なのだが、それでも、残されたメンバーでの演奏と歌を、もう一度見てみたいという気持ちも強い。チェッカーズの場合も、他の再結成モノとは違う、しっかりとした手応えを感じるものになるだろうという予感がある。

そして、再結成ツアーのラスト、福岡ヤフオクドーム（がいい）の公演で、この曲を歌うのだ。「さよならをもう一度」――再結成の後の「再解散」に、これほど相応しい曲はないのだから。

track 25

Love '91

ラブ ナイティワン

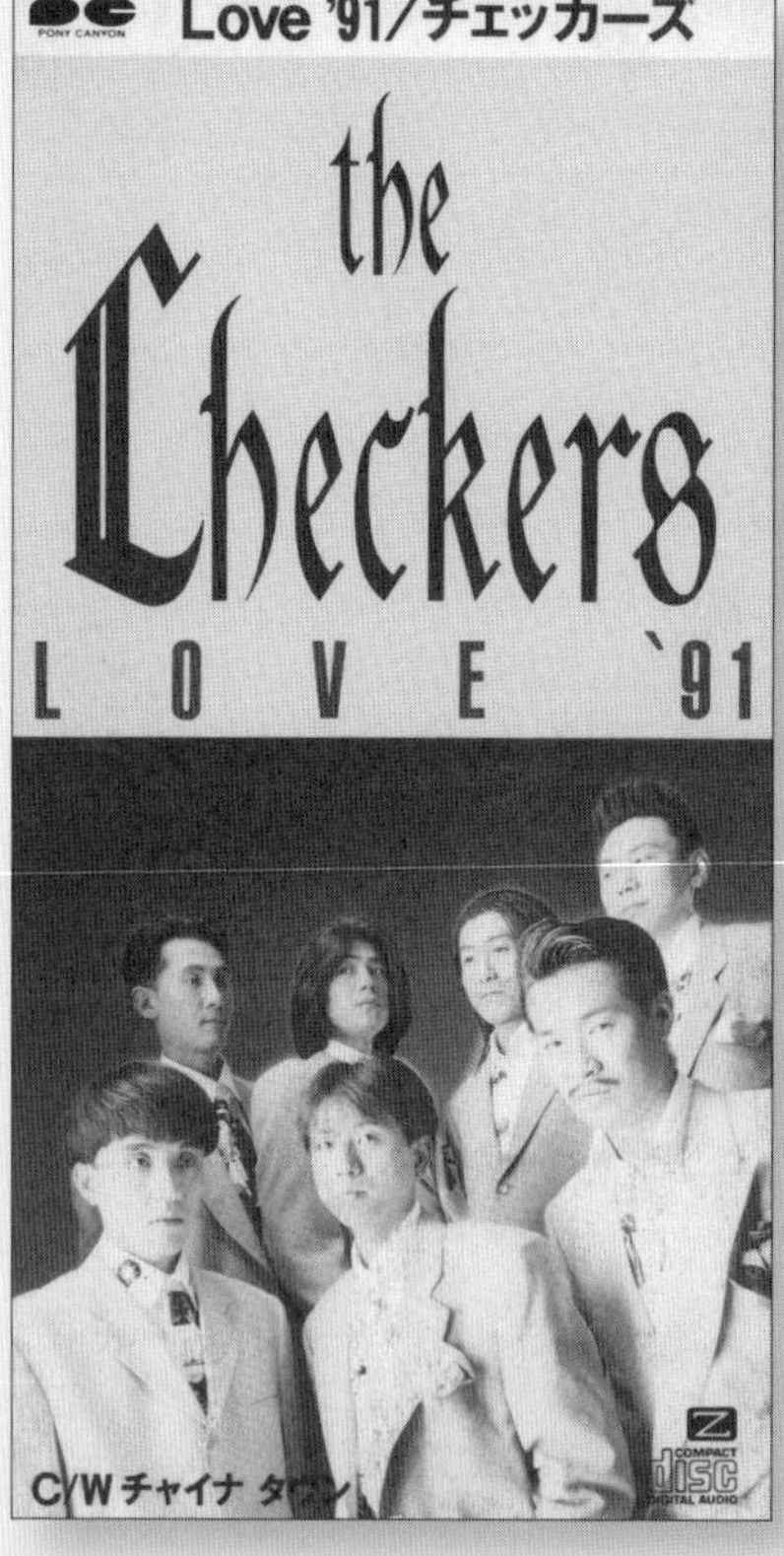

「久々のドゥワップなナンバーで往年のファンには好評だった。チェッカーズのシングルで唯一打ち込みサウンドを使ったシングル。」

Amazonのレビューより

作詞：藤井郁弥
作曲：大土井裕二
編曲：THE CHECKERS FAM.
1991年3月21日発売

＊1 大瀧詠一『A LONG VACATION』 81年3月21日リリース。オリコン市場初のミリオンセールス作品となった大ヒットアルバム。歌詞はすべて松本隆が担当。2011年に発売30周年を記念したアニバーサリーエディション版が発売された。

7人をつなぎとめたもの。
──ロックンロールにロッカバラードにドゥワップ

発売は1991年の3月21日（どうでもいいことだが、80年代を代表する大ヒットアルバム＝大滝詠一[＊1]『A LONG VACATION』発売から、ちょうど10年となる日）。いよいよ91年。いわゆるバブル経済は崩壊し、翌年大みそかのNHK「紅白歌合戦」での解散まで、2年を切っている。

《運命（SADAME）》や《さよならをもう一度》など、チェッカーズらしからぬ音楽性のシングルを聴いた後だったからか、この曲に関しては当時の記憶がいよいよ薄い。ただし、音楽性の面だけで言えば、この曲は逆に、あまりに「チェッカーズらしい」ものである。

曲調が、かなり典型的なドゥワップなのだ。そしてリズムは、《星屑のステージ》《Song For U.S.A.》《Blue Rain》などで聴かせた、言わば「チェッカーズのハートビート」とも言えるのロッカバラード。

作曲のユウジ、そしてこの曲を選びアレンジしたメンバーは、もしかしたら、来たるべき解散の兆しも見据えて、チェッカーズの原点を確認する思いだったのかもしれない。

チェッカーズの原点──ロックンロールにロッカバラードにドゥワップ。それは、メンバーが志向する音楽性も広がり、また、人間関係も複雑になってきた中、それでも7人をつなぎとめるものだったろう。

彼らのインタビューや、彼らに関する本を読んで、いつも不思議に思うのは、70年代後半から80年代前半にかけての久留米周辺に、彼らを育んだロックンロール・バンドの一大ムーブメントがあったという事実だ。東京や大阪の若者が、ディスコやニューミュージックやアイドルに浮かれていた頃、なぜ久留米だけに、別の音楽的宇宙が存在していたのか。

それは福岡の文化的風土だったのかもしれないし、もしかしたら久留米の大先輩＝鮎川誠の影響もあったのかもしれない。とにかく、そういう久留米の街中で培われたロックンロールのＤＮＡが、時が経った91年の、バブルが崩壊し始めた東京で、バラバラになりつつある7人をつなぎとめている。

さて、70～80年代の日本ロックに関する分類学として、「高卒ロック」と「大卒ロック」という枠組みを、私は提唱している。これは、その音楽家の実際の学歴が高卒・大卒かというよりは、その音楽（家）のイメージやオーディエンスが、高卒っぽいのか・大卒っぽいのかで区分する枠組みである。

グループサウンズ（ＧＳ）はほとんどが「高卒ロック」。またキャロル（やソロ初期の矢沢永吉）も典型的な「高卒ロック」。逆に、はっぴいえんど系や山下達郎、佐野元春などは「大卒ロック」となる（サザンオールスターズとＲＣサクセションは、イメージが多面的で判断が難しく、ここではひとまず措く）。

チェッカーズは、この区分では明らかに「高卒ロック」となろう。多くの「高卒ロック」は、「ロックンロールの初期衝動」が動機となっている。「京都のローリング・ストーンズ」だったタイガース、「横浜のビートルズ」だったキャロルなどはその典型、もちろんチェッカーズも。

ただ「ロックンロールの初期衝動」が動機となっている分、「高卒ロック」のバンドの活動期間は短い（正確な統計があるわけではないが）。ＧＳもキャロルも、「初期衝動」というガソリンが切れた段階で、突然にいさぎよく解散してしまった。

この点において、チェッカーズは特異だ。つまり「高卒ロック」でありながら、「大卒ロック」のように、音楽知識や洋楽トレンドを取り入れることで延命し、83年から92年までの9年間、アマチュア時代も含めると10年以上の長きにわたり、活動を続けたのだから。

チェッカーズが延命できたことには、音楽性以外も含めた様々な要因が寄与していると思うが、最も大きな要因としては、70年代後半から80年代前半にかけての久留米に存在した、特殊で特別な「ロックンロール宇宙」の中で培われた、特殊で特別な「ロックンロールの初期衝動」の絆があると思う。

《Love'91》。この、あまり垢抜けないタイトル（失礼）の曲に耳を澄ませて、バラバラになりそうな7人を、しっかりとつないでいる「ロックンロールの初期衝動」の絆を確かめてほしい。

track 26

ミセス マーメイド

ダンスは好きですか？
チェッカーズは好きですか？

フミヤ

当時のライブでの常套句

売上枚数 21.3 万枚

オリコン最高位 4位

作詞：藤井郁弥
作曲：鶴久政治
編曲：THE CHECKERS FAM.
1991年9月4日発売

見事にタイトなリズムセクションに驚く、クロベエとユウジの最高なコラボレーション

いよいよ1991年の秋である。残るシングルはあとたった5枚。翌年大みそかの華やかな解散劇まで、もう少し。

直前のシングル=《さよならをもう一度》《Love'91》について、私の当時の記憶は曖昧なのだが、この曲についてはしっかりと憶えている。当時付き合っていた東京出身の彼女が、この曲を好んでいたからだ（91年の秋にして私もやっと、東京の若者になれたということだろう）。その彼女が、中間部、転調する前の「あー」というため息をかっこいいと熱弁していたことまで、具体的に憶えている。

作曲はマサハル。マサハルによるラストシングルとなる。マサハルらしい、シンプルかつ、異様にキャッチーなメロディである。歌い出しがどことなく、当時流行していたバブルガム・ブラザーズ[*1]『WON'T BE LONG』の歌い出しに似ている（そして《ミセスマーメイド》と『WON'T BE LONG』の両曲は、91年のNHK「紅白歌合戦」で歌われる）。

そんなことを思い出しつつ、今あらためてこの曲を聴くと、見事にタイトなリズムセクションに驚く。クロベエとユウジの最高傑作コラボレーションと言えるのではないか。エイトビートとシャッフルの中間で、がんがんにスウィングするリズムが、やたらと気持ちいい。また、この曲では、トオルのギター

＊1　バブルガム・ブラザーズ『WON'T BE LONG』作詞作曲・Bro.KORN　編曲・h-wonder。売上枚数100.9万枚。結成35周年の2018年、7インチ・アナログレコードにて再発売した。

＊2 ORIGINAL LOVE『朝日のあたる道 -AS TIME GOES BY-』 作詞作曲・田島貴男、編曲・オリジナル・ラヴ。94年4月27日発売。売上枚数17.5万枚。

が、そのリズムセクションに、見事に絡みついている。

楽曲全体の雰囲気は、この本における用語で言えば「西麻布系」ということになるが、この、実に気持ちいいリズムセクションだけで考えれば、別の地名が浮かび上がる。それは――「渋谷系」だ。

「渋谷系」とは、90年代半ばの音楽シーンにおいて、突如ブームとなった音楽ムーブメントで、ピチカート・ファイヴや、ORIGINAL LOVE、フリッパーズ・ギター（と小山田圭吾、小沢健二のソロ作品）、カジヒデキらが、その系列と認識されていた。

その音楽性をうまく説明するのはとても難しいのだが、私の感覚で勝手に定義付ければ、「過去の音楽（特に洋楽）に対する編集感覚に溢れた、マニアックなサウンド」となる。言い換えれば、「（CDが全盛となりつつある状況に及んで）アナログレコードをたくさん買い集めている人たちによる音楽」。

もちろん、そのような「渋谷系」の音楽とチェッカーズは、世間的にほぼ無関係と認識されていたのだが、この《ミセスマーメイド》については、エイトビートとシャッフルの中間で、がんがんにスウィングする感じが、当時売り出し中だった、田島貴男率いるORIGINAL LOVEのリズム感にそっくりである（とりわけ『朝日のあたる道』[＊2]など）。

時代への正確なアンテナを携えたメンバー同士が、健全なディスカッションを重ねることで、新しいサウンドをきちんと見据えることが出来たのだろう。その結果として、この見事な「プレ渋谷系サウンド」が生まれたと考えるのだ。

タイトルに「ミセス」とつくぐらいなので、歌詞のテーマは不倫である。「ミセス」と付いた不倫ソングとして思い出すのは、ビリー・ポールの大ヒット曲『ミー・アンド・ミセス・ジョーンズ（Me and Mrs. Jones）』[*3]である。

私は、当時フジテレビ「MUSIC FAIR」で、フミヤと和田アキ子が、この曲をデュエットしたのを観ているので（まだ声量が万全だった頃の和田アキ子に、フミヤが食われた感じだった）、《ミセスマーメイド》の「ミセス」は、『ミー・アンド・ミセス・ジョーンズ』からの引用と思うのだが、どうだろうか。

という、最後期を代表する傑作と言っても良いのだが、あえて難点を言えば、当時のフミヤが好み、執拗に繰り返していた「V字唱法」が気になるのだ。

歌い出し「♪約束の街で」の「で」が「♪でえ↘↗」、次の「♪降り出した雨が」の「が」が「♪があ↘↗」という風に、フレーズの最後の文字の音程を、（V字のように）下げて上げて歌う、あの唱法である（分かりますか？）。

《ミセスマーメイド》における、この唱法の多用について、メンバー同士によるディスカッションの中で異論は出なかったのだろうか。ま、今となっては細かい話だが。

西麻布から渋谷に向かう六本木通りを、7人を乗せた大きなリムジンが、スピードを落としながら、ゆっくりと進んでいく。そんなイメージの1曲である。

＊3 『Me and Mrs. Jones』 アメリカを代表するソウルシンガー、ビリー・ポールの代表曲。1972年の全米ナンバー1シングルとなった。多くのミュージシャンがカバーしている。

track 27

ふれてごらん
～please touch your heart～

疲れている人への癒し、
または子守歌として詞を書いた。

フミヤ

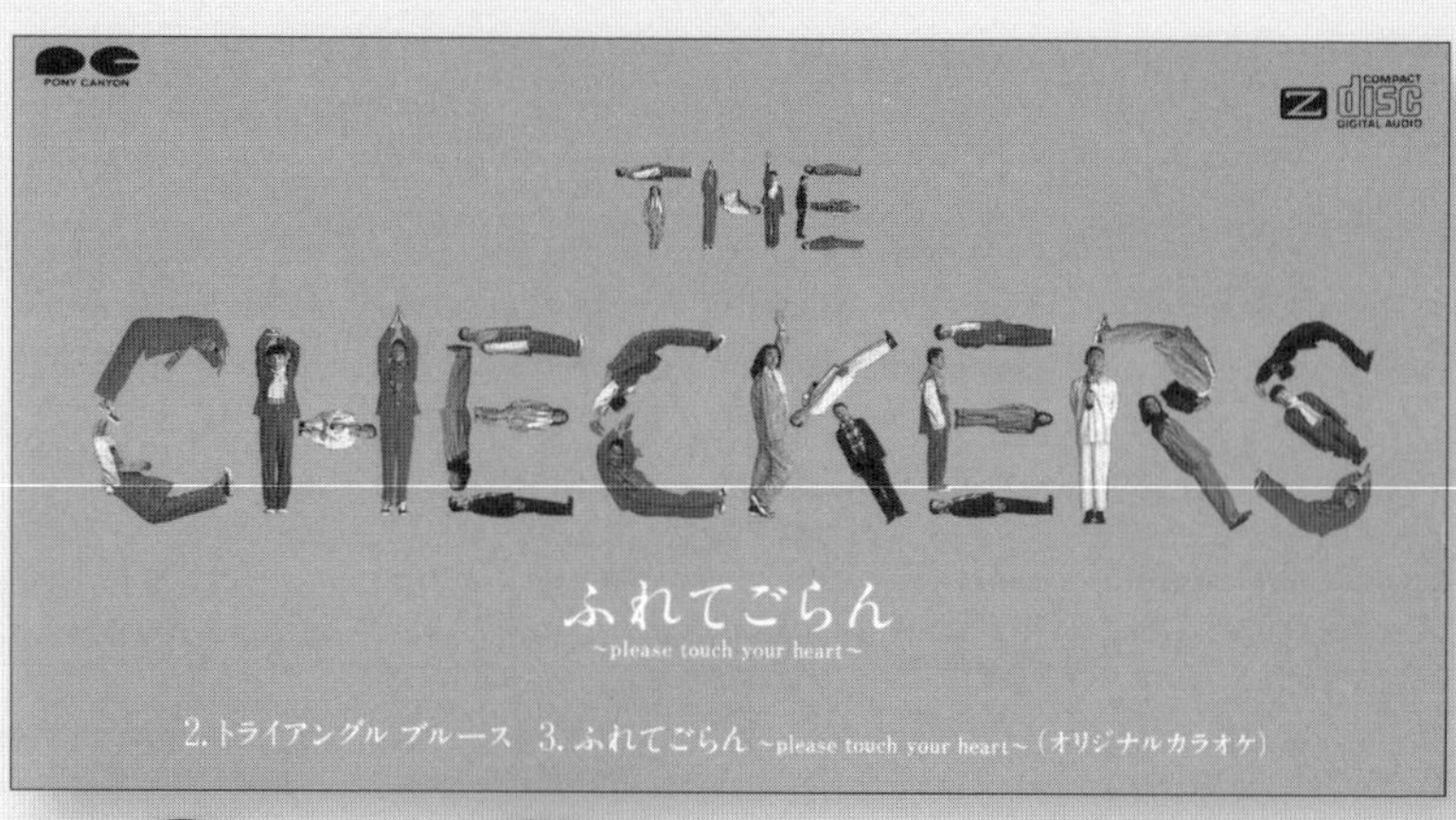

作詞：藤井郁弥
作曲：藤井尚之
編曲：THE CHECKERS FAM.
1991年12月4日発売

エイトビートと16ビートの中間的リズムで跳躍するユウジのベースプレイ、ここに極まれり

「バブル崩壊」という言葉も世間に定着した1991年暮れの発売。不景気の影響も多少はあったのか、もしくは《ミセスマーメイド》からのバランスを意識したのか、「西麻布感」を全く感じさせない、清潔でドリーミーな1曲である。

とにかく「風の妖精」が「舞い降りて」来て、「白いリボンつけた少女」が「みつめてる」のだから、これはもう、88年発売のアルバム『SCREW』収録《鳥になった少年の唄》同様、童話の世界だ。ちなみにその《鳥になった少年の唄》の作曲もナオユキ。

正直、今聴き直して、全体として強い印象を与えることのない、全シングルの中でも地味な1曲なのだが、今回、この原稿を書くにあたり、ヘッドフォンではなくスピーカーを通して聴いてみて、ある点だけが突然、突出して印象づけられたのだ。

それは——ユウジのベースプレイが、ここに極まっていることだ。

とにかく、ユウジのベースが終始動いている。それも、アレンジの中で浮いたかたちで動いているのではなく、全体の音世界の中にぴったりとハマりながら、フミヤのボーカルに絡みつくように、い

きいきと躍動しているのだ。

ユウジという人は、日本を代表するベーシストである後藤次利からの影響を公言している。スペクターというベースギターのメーカーがあるのだが、ユウジは自身のブログで「そもそもスペクターを使い始めたのは次利さんの影響でして」と述べているほど。

ベーシスト・後藤次利のプレイを一言で言えば「派手！」ということになる。スラップ（チョッパー）ベースの第一人者。サディスティック・ミカ・バンドのイギリス公演での派手派手しいベースプレイで、ロンドンっ子の度肝を抜き、そして沢田研二『TOKIO』[*1]での派手派手しいベースプレイで、東京っ子の度肝を抜いた人だ。

しかし、この曲におけるベースは、後藤次利というよりもむしろ、日本ベーシスト界のもう1人のレジェンド＝細野晴臣のプレイに近いものを感じる。とりわけ、エイトビートと16ビートの中間的リズムで跳躍する感じが、細野の実質的デビューとなったはっぴいえんど時代のベースに近いテイストを醸し出している（そう言えば、この曲のドラムスのパターンも、どことなくはっぴいえんど的だ）。

さらに言えば、ビートルズ時代のポール・マッカートニーに近いものすら感じるのだ。たとえば名曲『サムシング』[*2]における、やたらとメロディックなベース。言いたいことは、この曲におけるユウジが、歌の世界を壊さず、むしろ引き立てながら派手に動き回るベースプレイに大成功していると

＊1　沢田研二『TOKIO（トキオ）』　作詞・糸井重里、作曲・加瀬邦彦、編曲・後藤次利。80年1月1日発売。売上枚数33.8枚。スージー鈴木著『イントロの法則』で一番最初に取り上げられている。

＊2　ザ・ビートルズ『サムシング』　69年9月発売のアルバム『アビイ・ロード』に収録され、翌10月にシングル・カット。ビートルズ公式発表曲シングルのA面において、唯一のジョージ・ハリスン作品。

いうことだ。

ここまで素晴らしいベースプレイを聴いていると、ベーシスト・ユウジの実力について、なぜ当時、しっかりと語られなかったのかと憤るのだけれど。

しかし、この後に掲載されている、私との対談におけるユウジ氏の発言によれば、この曲のこのベースプレイについて、本人はあまり覚えていないようなのだ（笑）。なんと。でも、これほどのメロディックなベースプレイを、よく覚えていないということは、そのくらい自然に、このベースラインが生まれたということでもある。逆にすごいことだと思う。

この本は、ゴシップなど、メンバーにまつわる瑣末事をほとんど無視して、チェッカーズの音楽性だけを深く捉える本であり、つまりは、この曲におけるユウジのベースに「ふれてごらん」と主張する、おそらく史上初の本である。

track 28

今夜の涙は最高

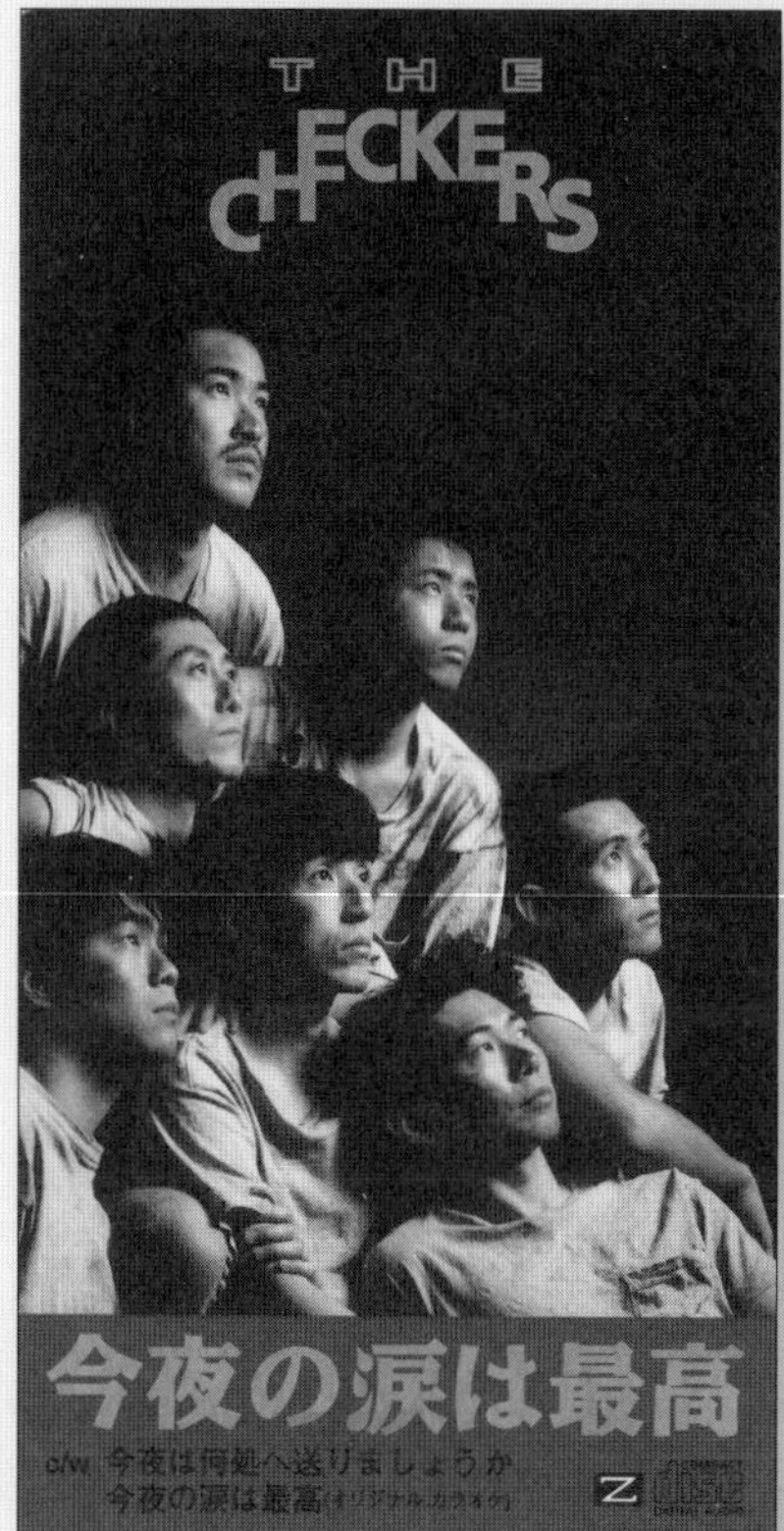

唯一
変わらなかったのは、
みんなの
チェッカーズに対する
気持ちではないかと。

ユウジ

1992年 8月21日　日本武道館

売上枚数
13.8
万枚

作詞：藤井郁弥
作曲：藤井尚之
編曲：THE CHECKERS FAM.
1992年3月21日発売

ここで断言しよう。チェッカーズは、「日本における最後のロックンロール・バンド」だったと

いよいよラストイヤーに突入する。しかし解散はまだ発表されていない。「チェッカーズはどこまで走り切るんだろう？」という気持ちで見ていたというのが、当時の私の目線だった。

そして、またロッカバラードである。ここまでのシングルで、ロッカバラード（8分の12拍子）のリズムを取り上げた曲は5曲。

・《星屑のステージ》
・《HEART OF RAINBOW》
・《Song for U.S.A.》
・《Blue Rain》
・《Love'91》

そして先を急げば、ラストシングルの《Present for You》もロッカバラードなので、最終的には、全シングル30曲中6曲＝20％がロッカバラードということになる。この比率は異常に高い。

先に述べたように、ロックンロールの原初的リズムの1つであるロッカバラードは、チェッカーズの「ハートビート」だと思う。メンバー全員のグルーヴがぴったりと合う、根源的なリズムだったのだろう。

日本における、同じくロッカバラードの使い手として思い出されるのは、サザンオールスターズである。『恋はお熱く』『ラチエン通りのシスター』『涙のアベニュー』『栞(しおり)のテーマ』『思い出のスター・ダスト』など、名作ロッカバラードが多い。

ただし、サザンオールスターズにおけるロッカバラードは、いくつもある選択肢の中のワン・オブ・ゼムという感じがする。対してチェッカーズにも、いくつかの選択肢はあるのだが、そのど真ん中に、ロッカバラードというリズムが鎮座ましましているという感じがある。

ここで注目したいのは、92年という時代との兼ね合いだ。92年のオリコン年間ランキングは次の通り。

1位『君がいるだけで／愛してる』　米米CLUB
2位『悲しみは雪のように』　浜田省吾
3位『BLOWIN'／TIME』　B'z
4位『それが大事』　大事MANブラザーズバンド
5位『涙のキッス』　サザンオールスターズ
6位『ガラガラヘビがやってくる』　とんねるず
7位『もう恋なんてしない』　槇原敬之
8位『if』　CHAGE＆ASKA

9位『PIECE OF MY WISH』　今井美樹
10位『浅い眠り』　中島みゆき

Jポップの時代が始まり、ドラマやCMのタイアップがそれに加勢し、またロックンロールの熱気など忘れ去られ、デジタル化されたキラキラした音が全盛となったこんなランキング、こんな音楽シーンの中で、ロッカバラードはかなりキツかったと思うのだ。

そんな中、なぜチェッカーズはロッカバラードに執拗にこだわり続けたのだろう。

1つには、解散への空気も満ちてくる中、自分たちのハートビートで勝負したいという思いがあったろう。しかし深読みすれば、そのとき既に絶滅危惧種となりつつあった「ロックンロール・バンド」としての底意地のようなものもあったのではないか。

ぱっと見、チェッカーズは、キャロル、ダウン・タウン・ブギウギ・バンド、横浜銀蝿という、（狭義の）ロックンロール・バンドの後継と捉えられる。そして83年から92年まで、日本におけるロックンロール・バンドのムーブメントを、孤立無援のかたちで守り続けたと言える。

しかし、もう少しマクロに捉えてみると、そもそもロカビリーから和製ポップスの時代、そしてグループサウンズ（GS）の時代、そしてキャロル以降と、日本人が洋楽を取り入れてきた歴史には、ロックンロールがずっと基礎を成していたと言える。

チェッカーズはその末裔であり、かつ、その後のシーンの変化まで見据えると、実は「日本における最後のロックンロール・バンド」と言えるのではないか。

もちろん、ユニコーンもウルフルズもハイロウズも、みんな優れたロックンロール・バンドである。しかし、彼らにはサザン同様、ロックンロール以外にもいくつもの選択肢がある。対してチェッカーズにとってのロックンロールは、真ん中であり、支柱である。

《今夜の涙は最高》は、ラストイヤーのシングルにして、これまでのロッカバラード系シングルの中でも、かなりオールドスクールなロッカバラードになっている。

そこから聴こえてくるのは、「日本における最後のロックンロール・バンド」としての底意地だ。

オリジナルアルバム紹介

『OOPS!』

1990年8月8日発売

『OOPS!』

❶ ACID RAIN
作詞：武内享・藤井郁弥　作曲：大土井裕二
編曲：富樫春生& THE CHECKERS FAM.

❷ See you yesterday
作詞：藤井郁弥　作曲：武内享
編曲：門倉聡& THE CHECKERS FAM.

❸ M−3
作詞：藤井郁弥　作曲：大土井裕二　編曲：THE CHECKERS FAM.

❹ 危険なNo.5
作詞：藤井郁弥　作曲：鶴久政治　編曲：THE CHECKERS FAM.

❺ Gold Rush
作詞：藤井郁弥　作曲：大土井裕二　編曲：THE CHECKERS FAM.

❻ One more glass of Red wine
作詞：藤井郁弥　作曲：鶴久政治　編曲：THE CHECKERS FAM.

❼ 100Vのペンギン
作詞：藤井郁弥　作曲：藤井尚之　編曲：THE CHECKERS FAM.

❽ Call Up Paper
作詞：藤井郁弥　作曲：鶴久政治
編曲：門倉聡& THE CHECKERS FAM.

❾ Kiss
作詞：藤井郁弥　作曲：鶴久政治
編曲：門倉聡& THE CHECKERS FAM.

❿ 一週間の悪夢
作詞：藤井郁弥　作曲：武内享
編曲：富樫春生& THE CHECKERS FAM.

⓫ 眠れるように
作詞：藤井郁弥　作曲：藤井尚之　編曲：THE CHECKERS FAM.

⓬ 初恋
作曲：藤井郁弥

track 29

Blue Moon Stone

「10年間、いろいろあったんですけど
非常に周りの人達に
守られてきたと思っています。」

クロベエ
1992年 8月21日　日本武道館

売上枚数
29.4
万枚

オリコン
最高位
7位

作詞：藤井郁弥
作曲：藤井尚之
編曲：THE CHECKERS FAM.
1992年5月21日発売
*トヨタ『スプリンターマリノ』CMソング

《Blue Moon Stone》という到達点から振り向けば、過去のシングル群の道のりが見える

まごうことなき名曲。

「第2期チェッカーズ」、否、チェッカーズ全キャリアの到達点。ここまでチェッカーズ全シングルを聴きこみ・書き綴ってきた私としても、あと2曲を残すのみとなったここで、この曲を紹介できるのが、とても誇らしい。

その名曲性を高めているのは、まずは演奏である。例によって、素晴らしいリズムセクション。《ミセスマーメイド》同様、ドラムスとベースに絡みついているギターもお見事である。

残すところあと2曲というところまできたので、ここまできたら、チェッカーズ総キャリアにおける演奏のMVPを決めていいだろう。そこはベーシスト＝ユウジで決まりとしたい。

そしてメロディ。こちらも作曲家ナオユキの最高傑作の1つとなるだろう。上記の安定的なリズムセクションに乗って歌われるメロディはもう、西麻布、新宿、渋谷などの細かな区分を超えて、東京全体を包み込む感じだ。あえて形容する言葉を探すとすれば「コンテンポラリー」ぐらいのものだ。

逆に言えば、ここにはもうロックンロールという概念は、一見存在しない。

先の《今夜の涙は最高》のところでチェッカーズを「日本における最後のロックンロール・バンド」

と書いた。そのことと《Blue Moon Stone》のコンテンポラリー性が矛盾するように感じる方もいるかもしれないが、チェッカーズ・ファン（かつ意識的な音楽ファン）においては、矛盾を感じる人は少ないはずだ。

なぜなら、ロックンロール（久留米性・ヤンキー性）をベースにしながら、それだけに留まらず、強烈な進取の気性（東京性・コンテンポラリー性）によって、あらゆる新しい音楽性を柔軟に取り込んでいく。それこそがチェッカーズだと理解しているだろうからだ。

そもそもロックンロールというもの自体が、その時々の新しい音楽性を取り込み、自らの栄養として摂取して進化してきたジャンルなのだから、どこにも矛盾など無いのだ。

分母にロックンロール・サウンド、分子にコンテンポラリー・サウンド。この分数から生まれる魅惑的なサウンドがビートルズであり、ローリング・ストーンズであり、そして、我らがチェッカーズなのである。

《Blue Moon Stone》という到達点。この高みから見える景色。振り向けば、これまで歩いてきた、過去のシングル群の道のりが見える。

《ギザギザハートの子守唄》《ジュリアに傷心》《OH!! POPSTAR》《Jim & Janeの伝説》《Cherie》――久留米と東京、ロックンロールとコンテンポラリーの間を、振り子のように行き来して生み出された、愛おしい楽曲たち。

そしてメンバーは、10年分の年を取り、それぞれの音楽的な方角にバラバラになっていく。

また私も、10年分の年を取り、気付いたら大阪の高校生から東京の社会人になっていた。仕事も覚え、恋愛も覚え、忙しく騒がしい毎日の中で、チェッカーズのことを忘れそうになっていった。いや、忘れてしまったわけではない。どちらかと言えば「飲み込んだ」という表現のほうが正しい。彼らのことを、毎日気にすることはなくなった。それでも身体の中にいつも存在している。動脈の中で、チェック柄の血球が、いつも流れているといった感覚のほうが近い。

1992年10月9日のテレビ朝日「ミュージックステーション」で解散発表。

「みんなの中にはそれぞれのチェッカーズがいつまでも残っていくと思うんで、これからもチェッカーズをよろしくお願いします。10年間ありがとうございました」というフミヤの挨拶の後、《星屑のステージ》とこの曲が歌われた。

タイトルと歌詞にある「Blue Moon Stone」というのは、宝石の一種で、いわゆる「パワーストーン」の一種らしい。

チェッカーズという名のパワーストーンを握りしめて、チェッカーズのことを忘れずに生きていこうと思った――さようなら、チェッカーズ。

track 30

Present for you

みんなの前で
ここで歌いながら
ぶっ倒れたら最高に
気持ち良かろうね。

フミヤ

1992年12月28日
日本武道館　アンコールの前

売上枚数
36.0
万枚

作詞：THE CHECKERS
作曲：THE CHECKERS
編曲：THE CHECKERS FAM.
1992年11月20日発売

ファン完全唱和のフェアウェル・メドレー。幸せな、幸せなラストシーン

そして、ラストシングル。

作詞・作曲の名義は「THE CHECKERS」。ワンマンバンドの君主制ではなく、民主的に音作りを進めてきたチェッカーズのラストシングルに相応しい名義である。

加えて注目したいのは売上枚数である。何と36万枚。驚くなかれ、この売上は「第2期チェッカーズ」の最高売上である。それどころか、あの「無国籍オールディーズの完成形」＝《俺たちのロカビリーナイト》に次ぐ水準だ。

多くのバンドのラストシングルは、売上も衰退して静かに終わっていく。しかしチェッカーズはその逆。ラストシングルで、完全に息を吹き返している。これは、ラストシングル『微笑がえし』で、最初で最後のオリコン1位を獲得したキャンディーズ同様、かなり珍しい例となろう（厳密に言えば、解散後にリリースされた『つばさ』がラストシングル）。

ただ、チェッカーズとキャンディーズの違いを言えば、『微笑がえし』と、それをBGMとしたキャンディーズ解散劇が、世間を巻き込んだ大騒ぎの社会現象となったのに比べて、チェッカーズの解散については正直、そこまでの大きな騒ぎにはならなかった。また『微笑がえし』の売上は83万枚に

も達しており、その意味でもスケールが異なる。

ということは、どういうことかと言うと、この《Present For You》と、この曲をBGMとしたチェッカーズ解散劇の盛り上がりは、キャンディーズのときのように世間を巻き込んだというよりは、チェッカーズファンの再結集・再活性化によるものだったと考えられるのだ。

にもかかわらず、ここまでの売上を獲得するということは、ファン再結集・再活性化の勢いが、いかに凄かったかを表していると思うのだが。

チェッカーズとそのファンについて、解散にまつわるいくつかの伝説。

＊解散ツアーの最終日、12月28日の武道館公演では、現場に居合わせた音楽ジャーナリストが「これほど（ファンが）泣くのは初めて」と感想を漏らしたという（速水健朗 他著『バンド臨終図鑑』河出書房新社）。

＊その武道館公演では、入りきれなかったファンが武道館を取り巻いたらしく、コンサート終盤は、武道館の扉を開け、外のファンにも聴こえるよう配慮したという（同書）。

＊最後の晴れ姿となった92年のＮＨＫ「紅白歌合戦」では、Ｘ（のち「Ｘ ＪＡＰＡＮ」）のファンが「私たちはまだＸを見れるから」と、チェッカーズファンに観覧チケットを譲ったという。

そして、92年12月31日、「紅白歌合戦」。

チェッカーズの出番は41番目。対戦相手である工藤静香『めちゃくちゃに泣いてしまいたい』の後に登場。「チェッカーズ・フェアウェル・メドレー！」と大声で紹介したのは、同じく7人組にして「日本における最初のロックンロール・バンド」＝ザ・スパイダースのリードボーカルだった、司会の堺正章。

メドレーの曲目は、《ギザギザハートの子守唄》→《涙のリクエスト》→《星屑のステージ》→《I Love you, SAYONARA》→《Present for you》。

すべての曲を歌い終わって、フミヤが「Thank you and goodbye, my babies!」と一言。堺正章が「チェッカーズ！」と絶叫。フミヤ「ありがとうございました」。

観客はチェッカーズファン一色。彼女たちは、号泣しながら、すべての曲を完全唱和している。私は何度もこの映像を見ているが、国民的音楽番組を舞台として、その舞台を独り占めにした解散劇。これほどに幸せな解散はそうそう無いだろう。そう今でも思う。

チェッカーズファンへの最高のプレゼントだった、この最後のシングルもロッカバラードだ。「日本における最後のロックンロール・バンド」＝チェッカーズの、幸せな幸せなラストシーン。

オリジナルアルバム紹介

9th

『I HAVE A DREAM』

1991年6月21日発売

『I HAVE A DREAM』

❶ I have a dream #1
作詞：藤井郁弥　作曲：藤井尚之　編曲：THE CHECKERS FAM.

❷ そのままで
作詞：藤井郁弥　作曲：武内享　編曲：THE CHECKERS FAM.

❸ Life is comedy-touch
作詞：藤井郁弥　作曲：藤井尚之　編曲：THE CHECKERS FAM.

❹ Black Lion
作詞：藤井郁弥　作曲：大土井裕二
編曲：THE CHECKERS FAM.

❺ 誤解さCherry
作詞：藤井郁弥　作曲：鶴久政治　編曲：THE CHECKERS FAM.

❻ How're you doing, Guys?
作詞：藤井郁弥　作曲：武内享　編曲：THE CHECKERS FAM.

❼ 90's S.D.R.
作詞：藤井郁弥　作曲：武内享　編曲：THE CHECKERS FAM.

❽ Purple Morning
作詞：藤井郁弥　作曲：大土井裕二
編曲：THE CHECKERS FAM.

❾ You
作詞：藤井郁弥　作曲：鶴久政治　編曲：THE CHECKERS FAM.

❿ Don't break my heart ～君を抱きしめたい～
作詞：藤井郁弥　作曲：藤井尚之　編曲：THE CHECKERS FAM.

⓫ I have a dream #2
作詞：藤井郁弥　作曲：藤井尚之　編曲：THE CHECKERS FAM.

オリジナルアルバム紹介

10th

『Blue Moon Stone』

1992年6月19日発売

『Blue Moon Stone』

❶ Count up'00s
作詞：藤井郁弥　作曲：藤井尚之　編曲：THE CHECKERS FAM.

❷ FINAL LAP
作曲：藤井尚之　編曲：THE CHECKERS FAM.

❸ Blue Moon Stone
作詞：藤井郁弥　作曲：藤井尚之　編曲：THE CHECKERS FAM.

❹ もしも明日が…
作詞：藤井郁弥　作曲：藤井尚之　編曲：THE CHECKERS FAM.

❺ Sea of Love
作詞：藤井郁弥　作曲：武内享　編曲：THE CHECKERS FAM.

❻ マリー
作詞：藤井郁弥　作曲：鶴久政治　編曲：THE CHECKERS FAM.

❼ ひとりきり2nd. Ave.
作詞：藤井郁弥　作曲：鶴久政治　編曲：THE CHECKERS FAM.

❽ Yellow Cab
作詞：高杢禎彦　作曲：大土井裕二
編曲：THE CHECKERS FAM.

❾ Don't Cry Sexy
作詞：藤井郁弥　作曲：武内享　編曲：THE CHECKERS FAM.

❿ Smiling like children
作詞：藤井郁弥　作曲：武内享　編曲：THE CHECKERS FAM.

⓫ Rainbow Station
作詞：藤井郁弥　作曲：大土井裕二
編曲：THE CHECKERS FAM.

Special Talk 2

大土井裕二 × スージー鈴木

ユウジ&クロベエの
リズムセクションは、どうやって
完成されていったのか？

メンバーの中でクラブだ、スクラッチだ、DJだっていう方向と、
やっぱりロックンロールだ、みたいなぶつかりはなかったんですか? ——鈴木

意外とぶつかったりはしなかったね。楽器陣はそういうのを楽しんでいたところがある。

ロックンロールはもちろん好きだけど、いろいろ聴いているうちにこういうのもやりたい、
ああいうのもやりたいっていうのが出てくるのは当然でね。

ただクロベエは8から16への移行に当たって、慣れなくてちょっと苦労していたけど。

でもそれがまた、逆になんともいえないグルーヴになっていたのかも ——大土井

進化していった大土井裕二のベースプレイ

鈴木　今日は主に、ユウジさんご自身のベースプレイに加えて、キャロルの矢沢永吉さん、そして後藤次利さんのお話もお聞きしたいと思います。ベーシストとしてのユウジさんは、後藤次利さんとの出会いが大きかったのでは？

大土井　もちろん。私の知っている日本のベーシストの中で一番すごい人です。

鈴木　Cute Beat Club Bandで知り合う前から後藤さんのことはご存じだったんですか？

大土井　お会いしたことはなかったんですけど、一回、ライブを遠くで見たことがあって。今、東京オリンピックのために建て直しをしている、国立競技場でイベントがあったんです。「ALL TOGETHER NOW」ですね。

鈴木　そうか、「サディスティック・ユーミン・バンド[*1]」として後藤さん、出ていましたね。あのときはチェッカーズ、出ましたからね。スティーヴィー・ワンダーとかを歌って。

大土井　実は自分たちが何を演奏したかは覚えてないいんです（笑）。でも後藤さんの印象ははっきりと覚えています。サディスティック・ユーミン・バンドの後藤さんはスゴかった！

鈴木　その後、Cute Beat Club Bandで、生で後藤さんの演奏を見られた。どのへんが凄かったんですか？

大土井　なんだろうな……指のテクニックやピックの使い方、ミュートの仕方とか、すごく独特でした。それに、音がデカイ。昔は皆そうだったのかもしれないけど。レコーディングするときも、ヘッドホンのボリュームをかなり上げていましたね。

鈴木　後藤さんが？

大土井　そう、耳に絶対悪いっていうくらい（笑）。

鈴木　後藤さんもいたサディスティック・ミカ・バンドでは、高中正義さん[*2]のギターがうるさすぎると、後藤次利の前任者の小原礼さん[*3]と高中さんがライブのときに喧嘩になったとか。70年代のミュージシャンの音のデカさ競争。

大土井　先輩方にはそういう人たち、多いですね。

鈴木　ユウジさんって、ライブでは指を使って弾いている印象がありますけど、基本、演奏は指ですか？

大土井　半々ですね。曲によって変えます。アマチュアの頃はロックンロールが多かったし、キャロルもピックなんで、ピックから入りましたけど、途中でドゥワップとかやり始めて指で弾くようになって。最終的には半々ですね。

鈴木　後藤さんは、僕のなかではチョッパーベース[*4]の人という印象がありましたが。

大土井　俺の中ではピックのイメージだなぁ。

鈴木　《NANA》以降の、アルバムで言えば『GO』以降のベースの音が、すごいドライブしててブンブンうなってるなっていう印象がありますが、あの頃、何かプレイを変化させるものがあったんですか？

大土井　楽器の影響もあったと思いますよ。スペクターはジャズベースとかに比べるとネックも結構細いんで、弾きやすいんですよね。それと当時はベースを持つ位置がどんどん下がっていったんです。それはクラッシュというバンドの影響でしたね。それもあって、だんだん荒くなっていったというか。

鈴木　いくつかの曲で、確かにクラッシュの色っぽさが出ていますね。チェッカーズってクラッシュが好きだったのかな、と思わせるような。メンバーの中で一番クラッシュが好きだったのは誰ですか？

大土井　俺も好きだったけど、フミヤもかなりハマってましたよ。

鈴木　ポリスはどうでしたか？

大土井　ポリスもね、ああいうホワイトレゲエ[*5]っぽいのにはかなり影響を受けましたね。

＊1　サディスティック・ユーミン・バンド　1985年6月15日、国立競技場で開催された国際青年年記念音楽イベントの際に、サディステック・ミカ・バンドがボーカルに松任谷由実をむかえた際の名称。参加者は他に加藤和彦、後藤次利、高中正義、坂本龍一、高橋幸宏ら。

＊2　高中正義（たかなかまさよし）　1953年生まれのギタリスト。デビューは1971年。サディスティック・ミカ・バンド、サディスティックスなどに参加。ジャンルはジャス、フュージョンなど多岐にわたる。

＊3　小原礼（おはられい）　1951年生まれのベーシスト、作曲家。サディスティック・ミカ・バンドに参加後、いくつかのユニットを経て渡米。妻はシンガーソングライターの尾崎亜美。

＊4　チョッパーベース　ベースの演奏法のひとつ。スラップベースともいう。弦を引っ張る、叩くなどしてボディに当たる音を出す奏法。

＊5　ホワイトレゲエ　ロックという形の中にレゲエの要素を取り入れるという斬新なジャンルを指す。イギリスのバンド、ポリスの音楽性を語るときによく使われる。

鈴木　チェッカーズの曲は、アルバムの曲とかもかなりレゲエっぽいのがありますよね。

大土井　個人的にもレゲエはよく聴いてました。ボブ・マーリーとかオーソドックスなやつですけど。

鈴木　ああいうゆったりとした曲のベースって、難しくないですか？

大土井　独特のグルーヴがあるんですよね。ハマるとすごく気持ちいいんですけど、ハマらないとえらいことになります（笑）。

鈴木　《Room》のサビとか……あのあたり、絶妙な演奏をされていると思います。

大土井　レゲエの影響が色濃く出ているところですね。

鈴木　クロベエさんとユウジさんのリズムセクションこそがチェッカーズだった、というふうに僕は見ているんです。実は、マニアックな音源も入手しまして、デビュー直後のどこかイベント会場でやっているチェッカーズの音源を聴きました。ハーモニーとかは、やや音を外したりするところがあったのですが、ドラムスとベースだけはぐんぐんドライブしていて、見事だったんです。ユウジ＆クロベエのリズムセクションはどうやって完成されていったのか、というのが知りたいです。

大土井　もともとはロックンロールなので、８ビートから始まっているんです。クロベエも、ロックンロールはかなりクオリティの高い叩き方をしていました。そこから16ビートに移行していく中で、いろいろ苦労したところはあったと思います。

鈴木　演奏で一番苦労したシングルはどの曲ですか？

大土井　どの曲もそれなりにいろいろありました。特にデビューの頃は試行錯誤で、レコーディング自体にも慣れていなかったし、苦労はしました。ライブで盛り上がってくると、グルーヴって一体化してくるんだけど、レコーディングだとね。順番に録っていったりするから。自分でそのテープを聴くと、がっかりしたりしてね。

鈴木　キャロルが、ライブ盤は素晴らしいんだけどスタジオでは……みたいな話がありましたよね。

大土井　ロック系だと勢いが大事でしょ。最初の頃のレコーディングは自分の音のイメージとテープの音が全然違うんで、こりゃヤバイな、と結構落ち込みました。でも逆に、レコーディングだからこそライブにはない面白さもありました。

鈴木　たとえばどんな感じですか。

大土井　たとえば俺が作った曲でも、アレンジしていく過程でどんどん変わっていくんですよ。自分のイメージにはなかったものがどんどん出来ていくからそれが面白かったですね。シングルでは特にそういうことが多かったです。

鈴木　たとえば《I Love you, SAYONARA》だったら、いきなりバンドでセッション始めるわけですか？

大土井　俺らは当時、ちゃんとした譜面とかは見ない、つまり読めなかったので、渡されるのはコード譜くらいなんですけど、基本的にはまず、録音された音源を聴きます。《I Love you, SAYONARA》は、俺が作ったのはもっとロックっぽい音源で、冒頭のフレーズもまだなく、メロディだけでした。それを皆で聴いて、それぞれのイメージでリハーサルスタジオに入って、とにかくまず音を出す、という流れでした。

鈴木　その音源というのは、デモテープですね。４チャンネル？

大土井　そうです。最初の頃は普通のカセットテープをガチャっと押して録音していただけなんですけど、だんだんそういう便利な機材が出てきて、音を若干分けられたりとかするようになって。そうやってそれぞれが録ったテープを曲出しのときに提出して、そこから皆で選ぶんです。

鈴木　４チャンネルを使いながら、入っている音はギターとボーカルくらいですか？

大土井　たまにコーラス入れる人がいたりもしました。

鈴木　つまり、その段階ではかなりプリミティブな音ですよね。それを聴いて、せーの！で始めると。

大土井　すぐパッと決まることはあまりなくて、アレ風にしようか、コレ風にしてみようとか……と、アレンジを皆で組み立てていくんです。皆が、「これ、いいね」ってなるまで、時間をかけて深くいろいろとやっていました。特にシングルに関しては。

名曲《I Love you, SAYONARA》完成の道

鈴木　《I Love you, SAYONARA》が完成形になるまでには、どのくらいの時間がかかりましたか？

大土井　全然覚えていないですね。アレンジなどは出来るときには1日で出来ちゃいますけど、何日もかかることもありました。一人で作る分には、自分の頭の中にあるものを形にするだけなんだけど、バンドだと意外なものが出来るのが面白いですよね。

鈴木　アレンジを固めていくときは、誰かがリーダーシップをとるものなんですか？

大土井　基本的にはその曲を作った人間が進めるんだけど、トータル的にはリーダーのトオルがまとめていました。

鈴木　《I Love you, SAYONARA》で僕の好きなアレンジが、ドラムスのパターンがポーンと変わるところ。「♪皮ジャンのPocketに」で、ドラムスが賑やかになって、物語が動き出す感じがあるんです。アレンジが細かいなあ！と。こういう細かさというのは皆さんでセッションしているときに、クロベエさんから自発的に生まれていたのでしょうか。

大土井　勝手に叩いてましたね、最初は。クロベエのアレンジには、彼が好きだったポリスのドラマーの影響がありますね。ポリスとクラッシュでしょう。

鈴木　チェッカーズが特殊なバンドだと思うのは、メンバー皆で民主主義的にアイディアを出し合うスタンスを、最後まで続けたということです。これは本当に珍しいと思うんです。

大土井　それは、故郷が全員一緒というのは大きいと思いますね。アマチュアの頃からやってますし、集団就職みたいに東京に出て来たというのがある。いろんなことがあったけど、楽しみながらやってましたね。

鈴木　そうしたスタンスが最後まで続いたから、ピークから解散までがなだらかなカーブだった。チェッカーズは仲の良さがキーだったのではないでしょうか。アレンジをするときも、賑やかに、楽しい感じだったんでしょう？

大土井　そうでもないです。皆で考えて真面目にやるんだけど、（アイディアが）出ないときには、皆が黙りこくって暗くなっちゃう。でもそういうのもないと、なかなか次に進

まないから……。

鈴木　たまには口論とかもあったんですか？

大土井　あまり言い合いとかはなかったですね。

鈴木　そんな沈黙したときに切り出すのは誰の役目だったんですか。

大土井　それはやっぱりトオルかな。彼も結構いろいろな音楽を聴いていたんで、引き出しはたくさんありましたから。

鈴木　アレンジが大体固まって、そのあとのレコーディングのプロセスはどんな感じで進みました？　まず全員で弾きますよね？

大土井　そうです。それからＯＫになったら、ドラムスから。

鈴木　ドラムテイクができたら、それに乗せながら他のパートをやっていくと。

大土井　ベースも、もうこれでいいかなってときはそのままで。ちょっと直そうかとなったら、弾き直し。ドラムスとベースが一番大事なんで、そこをちゃんと。

鈴木　ドラムスとベース以外から録音を始めることはなかったですか。

大土井　なかったですね。ドラムスが決まらないと。他から先にＯＫってことはなかったですね。

鈴木　レコーディングは基本どれくらいかかりましたか。曲によってまちまちでしょうけど。

大土井　最初の頃は2、3日はかかりましたね。だんだん短くはなっていきました。テイクも何回もやらずにするっといけることも。

鈴木　7人でやっていることを考えれば、常識的な時間ではないでしょうか。

《I Love you, SAYONARA》が選ばれたときはどうでした？　嬉しかったですか？

大土井　うーん、それよりも曲出しの段階で曲が出来ていないっていう大変さのほうが記憶に残っていますね(笑)。また曲出しかあ……っていうのはありましたね。

鈴木　ユウジさんはいつも何曲くらい作っていましたか？

大土井　俺は少なかったんで、2曲とか、できて3曲かな。

鈴木　先日、マサハルさんは、曲出しの数は自分が一番多かったと仰っていました。

大土井　そう。それは間違いないです。

鈴木　シングル曲を決めるプロセスは、全員でしたか？

大土井　そうです。メンバー全員と、レコード会社の人と。そこで選ばれた曲に対して、フミヤが詞を書いていくという流れです。曲を書くのが4人いて、詞を書くのが1人しかいないっていうこともあって大変そうでしたね。

鈴木　他のメンバーには、詞を書くモチベーションはなかったんですか？

大土井　今思えば、書けばよかったのにね。書かなかったね。若干その流れはあったような気もするけど、そう簡単に書けるもんでもないですよ。

鈴木　フミヤさんには文才があったってことですね。この《I Love you, SAYONARA》の歌詞もいいですよね。僕は、「♪皮ジャンのPocketに　こっそり金を押し込め　似合わない服を着て　お前はネオンに消える」という、この曲の女の子が好きでね。自分の意志を持っているんですよ。こういう女の子、チェッカーズのファンの中にいるだろうなと思いながら僕は勝手に、新宿歌舞伎町の商店街のところ、靖国通りを渡って歌舞伎町のあの通りにシュッと消えていく、背の高い意志の強そうな女性というイメージがあるんです。

大土井　間違ってないと思います（笑）。

鈴木　ご自分の曲にこの歌詞が乗っかってきたとき、どう思われました？

大土井　歌詞が乗って、完成した感じがありました。俺が作った曲の中で一番有名なのはこの曲なんで今も大事にしていますね。

鈴木　クロベエさんのドラムに加えてユウジさんのベースは、非常に高い水準にあったと思います。この本では、日本のロックンロールバンドの歴史ということでスパイダース～キャロル～チェッカーズという流れで捉えていて、この3つのグループは、すべてテクニシャン・バンドではないかと。バンドから渾然一体となったグルーヴを作り上げている。それは個々人の練習というよりも、全員で人前でライブしている回数が違うんじゃないかなと。仲のいいメンバーがめっちゃ一緒に練習したバンドにしか出せないグルーヴです。

大土井　その通りだと思います。人と人とのかかわりが音に出るというか。もちろん場数も大事だし。

人生を変えたキャロルの音楽

鈴木　過去に話は戻りますけど、キャロルの解散コンサートの話をしてもいいでしょうか。1975年12月24日、ユウジさんはテレビでキャロルの解散コンサートを見たと昔のインタビュー記事で仰っています。

大土井　小学6年か中学1年くらいじゃないですかね。クリスマス時期の夜中、テレビをつけたらポンと流れてきて、めっちゃカッコいいバンドだとと思いました。ステージが（演出で）燃えていて大丈夫かなって思ったり（笑）。そこから興味を持ち始めて、自分もやってみようかなと。そのときに、ベースとギターの違いもよくわからない頃だったんで、あのバンドの真ん中にいる人が持っている楽器がいいんじゃないかと思って。それからずっとベースです。

鈴木　どのあたりが、カッコよかったですか。

大土井　もちろんライブシーンですね。全員が黒い革ジャンとリーゼントで、たまらない不良感があって、それで、あんなにカッコいい音を出す。グッときちゃいましたよね。

鈴木　一曲一曲ではなく、渾然一体となったあの感じですね。

大土井　そうです。ウワー！　グシャー！って感じ。それまではバンドって結構ちゃんとした正統派が多かったからあの不良さはすごい。惹かれました。

鈴木　チェッカーズは皆、キャロルが好きでしたよね。

大土井　度合いの濃淡はあっても皆好きでしたね。

鈴木　キャロル解散コンサートではどの曲が一番印象的ですか？

大土井　難しい質問だなあ。

鈴木　僕は、『グッド・オールド・ロックンロール』ですね。ジョニーと永ちゃんがずっとハモってる。僕は永ちゃん派でも、ジョニー派でもあるので。

大土井　そりゃもちろん、皆そうですよ！　アマチュアの頃はずっとキャロルをカバーしてやっていて……最初にやったのは、『ルイジアンナ』。カバーできるようになるまでに相当時間がかかりました。あの演奏の通りやってたので、ベースを弾きながら歌わなきゃならない。

鈴木　ユウジさんが歌われたんですか？

大土井　そう。最初は学園祭みたいなところでしたね。中学時代に野球部の友達とバンドやってて。

鈴木　ベースを弾きながら歌う難しさ。あれは何なんでしょうね。よく矢沢永吉はやっていましたよね。

大土井　なかなか難しいよね。でも俺は最初からそれで入っているから、あんまり違和感はなくて、そういうものだと思ってました。8ビートはいけますね、でも16ビートはややこしくて、コーラスさえもできればやりたくないって感じ（笑）。

鈴木　今考えて、キャロルの矢沢永吉さんのベースというのはどうですか？

大土井　すごく独特だと思います。キャロルもビートルズが好きだから矢沢さんのベースもポール的なところが見えたりして、面白かったですね。「ドドッド・ドドド」（♪ドドッソ・シ♭ラソ）っていう永ちゃんのアレね。アレを聴くとキャロルだな、永ちゃんだなって。素晴らしいと思います。

鈴木　クールスはどうでした？

大土井　クールスもよく知っていましたし、曲も聴いてましたけど、クールスはまたキャロルと違って、コーラスメインというか、人数も多かったですからね。またちょっと違う種類のロックンロールを教えてもらった感じがします。

鈴木 キャロル、クールス、チェッカーズ、これが日本三大「C」から始まるロックンロール・バンドだと考えています。

中学時代にキャロルの『ルイジアンナ』をやって、その後、久留米のダンスパーティーの日々というんでしょうか、そういう時代に入っていきますよね。未だにちょっと疑ってるんですけど（笑）、なぜ久留米で1970年代後半に、ダンスパーティーで、ポニーテールで、ツイストを踊るのが流行ったんでしょうか。にわかには信じ難いですよね。

大土井 本当かなって俺も思うもん（笑）。久留米でなぜあんなにロックンロールとかドゥワップが流行っていたのか、謎だよね。福岡は、めんたいロック[*6]とかあったけどね。久留米は特殊な感じがします。なんで高校生あたりがおじさんのカッコしてドゥワドゥワやってたのか、不思議議っちゃ不思議議です。

鈴木 世の中はニューミュージックやらピンク・レディーやら言っている頃ですよ。

大土井 時代にかなり逆行してましたね。

鈴木 そのシャナナとかドゥワップの音源はどうやって手に入れていたんですか。

大土井 トオルが好きでね。そういうレコードを集めてたりしていたよね。俺はあんまり興味なかった。音源は自分で探したことはないですね。

鈴木 トオルさんはどこで入手してたんですかね。

大土井 当時はそういう店があったのかな。詳しくは知らないです。東京のレコード店から取り寄せたりもしていたんじゃないかな。

鈴木 まさにビートルズが黒人音楽のレコードを手に入れたのと近い感じですね。とにかく嘘偽りなく、78〜79年あたりにダンスパーティーは行われていたんですね。

当時の郷土の大先輩、甲斐バンドとか、チューリップとかは意識されましたか？

大土井 そんなに意識はしていなかったですね。だからこ

＊6 めんたいロック　80年代初頭に福岡県からデビューしたロックバンドのムーブメントをこう呼ぶ。代表的なのはザ・ロッカーズやザ・モッズ、ザ・ルースターズなど。

そあの先輩方とは、今でも普通に喋れます。あの福岡音楽界の流れの中に入っていたら、1歳違いでも体育会系の上下関係がありましたからね。

鈴木　ダウン・タウン・ブギウギ・バンドはどうですか。

大土井　それは小学生のときから聴いていましたね。でも、やっぱキャロルの衝撃はスゴかった。学園祭とかでは、キャロルをやるグループと、ディープ・パープルとかKISSとか外国のバンドをやるグループの二つに分かれていましたね。

鈴木　ユウジさんの高校にもディープ・パープル派はいたんですね。ああ、なんか安心しました（笑）。ロックンロール派とハードロック派はどちらが多かったですか？

大土井　半々じゃないですかね。

鈴木　普通は8：2でディープ・パープルのはずなんですがね。

大土井　俺はロックンロール派だったから。

鈴木　とにかくチェッカーズの独特のグルーヴ感、ロックンロールの演奏力は、その頃にグッドオールドなロックンロールを繰り返しやったことで培われたんですね。

大土井　それは完璧に間違いないですね。嫌というほどやっていたから。

鈴木　ハードロックをやっていたら、あそこまでロックンロールなスウィングの感じは出なかったかもしれないですね。

大土井　そうですね。8ビートってやっぱり深い。とっつきやすいんだけど、ちゃんとグルーヴするのは難しい。

鈴木　答えにくいかもしれませんが、8ビートのロックンロールでスウィングさせるのは、ベースプレイはどういうところが大切なんですか？

大土井　ははは。それはね、積み重ねでしかない。意識してできるものでもないです。体が勝手に反応しないとダメだよね。理屈じゃない。8ビートはシンプルなんで、そのタイミングで音を出せるかどうかって話。言葉では説明できないですね。

鈴木　では具体的に、《ジュリアに傷心》のツイストのリズムと、ベースランニングの素晴らしさは、どういうところに工夫があったんですか？

大土井　あの頃は、とにかく思いついたフレーズを詰め込んでた。今聴くと、手数が多いなと思う。で、だんだん成長とともに落ち着いてきて、ベースのパターンが整理されてくる。

鈴木　《ジュリアに傷心》の独創的なベースラインはいいですね。

大土井　うん、悪くはないと思います。今聴くと、あ、こんなことやってたんだって思います。昔の自分、面白いベース弾いてるなあって。

鈴木　えらく客観的ですね。

大土井　細かいフレーズとか、意外と忘れているもんなんですよね（笑）。

鈴木　チェッカーズのシングルの中でもっとも売れたのが《ジュリアに傷心》なんですけれど、その理由としては演奏が素晴らしいっていうのがあると思います。

大土井　なんでだろうね。言葉では表現できないものがあったんじゃない？

鈴木　イントロのクロベエさんのドラムなんか、少女の胸をグッと掴むものだったと思います。

大土井　うまいこと言うね（笑）。

鈴木　あのsus4（サスフォー）[*7]のコードも、少女の心を掴む。キュキュッと。

大土井　いきなりあれでこられると本当にグッとくるよね。あの曲は、今でもあのイメージしかないと思っています。

鈴木　細かい話ですが、《ジュリアに傷心》の演奏はピックですか？

大土井　指ですね。

鈴木　いやあ、しっかりした指ですね！

大土井　そりゃ、しっかりした指ですよ（笑）。前のバンドの頃はピックオンリーだったけど、チェッカーズに入ってドゥワップとかするようになってから指で弾くようになりましたね。

鈴木　ディープ・パープルのベーシスト＝ロジャー・グローヴァーもピック、キャロルの永ちゃんもピックですから、日本のベーシストはピック派が多かったんじゃないですかね。

大土井　たまにがっつりロックンロールのときにはピック

＊7　sus4　sus4とは、「suspended fourth」のこと。基準となる音の上に完全4度と完全5度の音を組み合わせた和音のこと。

でしたけどね。最初の頃は指ですね。ジャズベースを弾いていたっていうのもあって。

チェッカーズのハートビートとは？

鈴木　あと、ドラムスとベースのプレイとして僕が好きな曲は《俺たちのロカビリーナイト》。あれはなかなか簡単に演奏できるものではない。

大土井　そんな感じはなかったんだけどね。ロカビリーっぽい感じなので。

鈴木　ああ、じゃあ、意外と自然とチェッカーズっぽかったのか。

大土井　そう。昔やってたパターン。

鈴木　《ジュリアに傷心》のベースラインは、芹澤（廣明）さんからの指示とかはなかったんですか？

大土井　なかったですね。だって俺ら、譜面見せられても読めないし。オタマジャクシで弾いてくれって言われたことは一度もないです。コードしかわからないんで。少なくとも俺は「こうやって前奏を弾いて」、とか指示されたことはなかったな。でもコードワークとか、「それはないでしょう！」って、芹澤さんに怒られたりもしましたよ。俺たちはアカデミックなことは一切やってないんで、雰囲気でいろんなコードを使っちゃうから、音楽的な面でおかしいよって言われることはよくありましたね。

鈴木　あと、僕はこの本で、チェッカーズのハートビートはロッカバラードだと書きました。

大土井　意外とそういう曲が多いですよね。売れているバンドには、必ずいいバラードがあると思うんですよ。

鈴木　アマチュア時代を含めて、チェッカーズのハートビートはロッカバラードですか、8ビートですか。

大土井　基本的にはロックンロールは8ビートだと思うんだけど、その中でもグッとくるロッカバラードも定番と言えば定番でしたね。

鈴木　《NANA》のベースはどうですか？

大土井　《NANA》ねえ。あれは自分たちの曲になってから一発目の曲なので、色々と試行錯誤しましたね。最終的にはいい感じになりました。ベース的には、どこかしら懐かしいフレーズではあるので、そんなに難しいことをやったという感じではなかったですね。

鈴木　《NANA》のカラオケ音源というのを聴いたんですが、ベースがデカいですよね。「チェッカーズFeaturing大土井裕二」という感じで。

大土井　中期あたりからベースの音量を上げたのは、クラブ系、16ビートへの意識がチェッカーズの中で大きくなっていったこともあると思います。あの手の曲ってドラムスとベースのみ、あとは歌、みたいになるよね。ベースも、同じフレーズを淡々とやるという16系の感じがどんどん入ってきて、プライオリティが上がっていったんでしょうね。歌がなかったらもうベースは前に出てくるよね。

鈴木　ミックスのときにベースを大きくしていったという感覚はありますか？

大土井　別にそうでもないですね。あまり自分で音量を上げていくって、ないよね（笑）。

鈴木　皆が見てないところでシュッとフェーダーを上げる、とかね（笑）。

大土井　イメージ的には、皆がそれぞれ自分のアンプの前に立っているわけです。つまりギターはギター、ドラムスはドラムスと、自分の楽器がデカく聴こえる。でも、そのイメージのままレコーディングのときに同じバランスをとると、とんでもないことになっちゃいますから。だから全体的にベースがデカくなっていったっていうのは、単純にクラブ系の影響ですね。

鈴木　当時、レコーディングやライブの後とかにクラブに行ってました？

大土井　行ってました。あの頃はそういう箱も多くてね。当時の曲を聴くとすぐにわかるよね、ああ、こういう曲がこのとき好きだったんだなって。

鈴木　僕の個人的な意見としては、ややハウスっぽくなったチェッカーズを悲しく思ったりもしたんですが、メンバーの中でクラブだ、スクラッチだ、ＤＪだっていう方向と、やっぱりロックンロールだ、みたいなぶつかりはなかったんですか？

大土井　意外とぶつかったりはしなかったね。楽器陣はそういうのを楽しんでいたところがある。ロックンロールはもちろん好きだけど、いろいろ聴いているうちにこういうのもやりたい、ああいうのもやりたいっていうのが出てくるのは当然でね。ただクロベエは8から16への移行に当たって、慣れなくてちょっと苦労していたけど。でもそれがまた、逆になんともいえないグルーヴになっていたのかも。

鈴木 それが、武道館の解散コンサートの、あのドラムスにいくわけですね。

大土井 そうそう。その微妙なところがチェッカーズっぽい。

鈴木 チェッカーズ後期に、いよいよトオルさんのギターのカッティングが勢いを増してきたと思うんです。トオルさんのギターについてはどうですか？

大土井 その通りで、カッティングギターだと思う、トオルは。もちろんうちのバンドにはサックスがいたので、ギターでソロを弾きまくるというのはなかったという理由もありますけどね。もちろんそのカッティングがグルーヴを生んだし、そういう意味では皆、意識してリズムを作っていました。特に後半は。

鈴木 カッティングもいいですし、ギターの音もいいですね。

大土井 トオルはずっと同じギターを使っていました。新品で買ったのに最後にはオールドになっちゃったって言ってたくらい。楽器をすごくたくさん持っている人っているけど、俺はそんなに持ってないんです。たくさんあると弾きこなすのが大変だと思うので。結局、使う楽器ってそんなに多くはないですよね。2、3本じゃないかな。

鈴木 ユウジさんは今は何本くらい持っているんですか？

大土井 10本はないですね。中でも使うのは2本です。あとは特殊な、フレッドレスとか、アコースティックとか。

鈴木 ナオユキさんのサックスはどうですか？

大土井 ナオユキのはもう間違いない。音を聴けばすぐわかるくらい。私がベースで入ったおかげで、彼はサックスに移されたんですけど（笑）。急に兄貴（フミヤ）にそう言われて。それはそれでよかったんじゃないかと。

鈴木 天職な感じがしますね。

大土井 そうだね、今となってはもうナオユキはサックス、でしょう。

トオルの家で、コーラスの練習をしていた頃

鈴木　コーラス陣はどうですか。

大土井　比重はかなり大きいです。コーラスなしではチェッカーズではない。アマチュアの頃から、コーラス練習をトオルの家に集まってやっていました。

鈴木　7人で結成された頃に、ですね。

大土井　そうです。シャルマン（トオル氏のお母さんがやっている店）ではなく、トオルの家でね。バンドでコーラスの練習で集まるって、なかなかいないと思いますよ。あの頃のテープとか残ってたりするんだけど、意外とちゃんとしてるっていうか、結構上手いんですよ。面白い。

鈴木　どんな曲を練習したんですか？

大土井　『アメリカン・グラフィティ』に入っていた曲とか。ガチャっと押す録音テープでしたから、再生すると音がいい感じに歪んだりして、それがまた良かったりして。

鈴木　7人揃うと、何声コーラスになるんですか？

大土井　基本的にはパートが決まっているので、主音があったらその上と、さらにその上。あと下だね。

鈴木　4声か。その4声の分解は聴き取りですか？

大土井　うん、皆それぞれ自分のパートを。3度上、5度上、みたいに。

鈴木　ここでも五線譜は登場しない？

大土井　しない、しない。感覚だけです。それはでももう慣れだよね。そういうことをやってるグループは、大体それでいける。

鈴木　確かに、アメリカのドゥワップの連中が五線譜を見て歌っているとも思えませんからね。

大土井　絶対そんなの見てないって（笑）。

鈴木　4声の中でユウジさんの位置はどのへんだったのですか？

大土井　地声で出る一番高いとこです。その上にファルセットがくるとすれば、その下、5度くらいのところを地声でいく。

鈴木　一番上は誰でしたか？

大土井　ナオユキかな。ファルセットがうまかったね。

鈴木　2番目をユウジさんと一緒にやるのは誰だったんで

すか？

大土井　曲にもよるけど、高さ的にはトオル、マサハルも、まあ、2番目か3番目かな。もちろんタカモクが一番下。フミヤはメインだから真ん中。クロベエは基本的にコーラスはしてない（笑）。練習では、本を叩いてリズムとってたね。

鈴木　トオルさんの家はどこにあったんですか？

大土井　久留米です。久留米にある彼の家の二階の畳の部屋でね。

鈴木　ときは1979年。いいですねえ。6人が畳の部屋で歌い、ひとりが本を叩く。1番上がナオユキさんで、2番目がユウジさんで、たまにマサハルさん、3番目がトオルさんか、マサハルさんで、主音がフミヤさん、その下がタカモクさんですか……そこまで練習しているアマチュアバンドは当時あまりなかったでしょうね。

大土井　当時はね。

鈴木　覚えていらっしゃるかどうか、1990年の、「グリーニング・オブ・ザ・ワールド」っていう、オノ・ヨーコさんが来て、フジテレビで、ジョン・レノンの追悼番組で、ビートルズの『All You Need Is Love』をチェッカーズが歌いました。あれは素晴らしかった！

大土井　やったやった。ありましたね。

鈴木　コーラスバンドとしての実力が見えたものでした。

大土井　そうだね、そういうのが得意だったね。

キャロルの内海利勝さんとセッションができる今

鈴木　そうして、《ふれてごらん》の素晴らしいベースに行き着くわけですが、あんまりご記憶にはないですか。

大土井　特段そこに何か想いがあるかっていうと、そんなにないね。他の曲と同じです。ミュージシャンをずっとやっていると褒められる曲があったりするけど、言うほどでもないのが多々ある（笑）。

鈴木　僕はユウジさんのベースラインは、はっぴいえんど時代の細野晴臣さんに近いものがあると思っています。

大土井　それは嬉しいです。細野さんのことも大好きですし、スゴいと思う。あの時代にああいうベースを、ちょっと日本人離れした感じの曲を弾くなんて、素晴らしいと思います。

鈴木　ダイレクトな影響かどうかは別として、細野さんのベースはかなりリスペクトしているんですね。

大土井　そうですね。後になってだよね。アマチュアの頃はそんなに知らなかったから。今、弾き語りをしているんですけど、弾き語りを始めてからちゃんとはっぴいえんどを聴いたときに、うわ、やっぱスゴいなと思いました。あの頃の曲は、今弾き語っても十分匂いがあって、いい感じになる。改めて細野さんは素晴らしいと思います。

鈴木　歌を邪魔せずに、ベースが流麗に流れる感じが、細野晴臣さんっぽいと僕は思うんです。他に、矢沢永吉さん、後藤次利さん以外に日本人で影響されたベーシストを挙げるとしたら誰でしょう？

大土井　当時は……他に誰がいたっけ？　ジャコ・パストリアス[*8]とか。ベースには聴こえないけど、すごいんだよね。

鈴木　ビートルズはどうでしたか？

大土井　ポール・マッカートニー自体はすごいと思うけど、独特なラインを持っているなと感じますね。ポールに憧れたキャロルに俺は憧れた、みたいなところがあります。そういう意味で尊敬します。たまに言われますもん、ビートルズ好きでしょ？って。まあ、嫌いじゃないけど、やっぱり矢沢永吉さん経由だから。

鈴木　こうしていろいろなベーシストたちに影響されて、ついにはキャロルの内海利勝さんとセッションするに至るのですね。

ソロデビュー7周年、50代を迎えた今

鈴木　ところでキャロルの内海利勝さんと会われて、どうでした？

大土井　ブルースマンで、めっちゃ渋い感じ。内海さんとはたまにベースでセッションさせてもらったりしています。当時ファンだった自分としてはありえないですよ。大好きで憧れて、音楽を始めたきっかけになった人たちと、いま

*8　ジャコ・パストリアス　1951年生まれのアメリカのミュージシャン。ジャズ、フージョンのベースプレイヤー。エレクトリック・ベースの第一人者。1987年没。

一緒にやれているなんて。感無量です。最初に会ったときはめちゃめちゃ緊張したけど、一緒に音を出した瞬間に、ミュージシャン同士になれたというかね。今年も内海さんとのコラボレーションをします。ベースももちろんですが、ギターでの弾き語りライブも全国的にやっていまして。

実は50歳を機に『merry-go-round』というソロデビューアルバムを作り、２０１７年には2枚目のオリジナルアルバム『HELLO』をリリースしました。その中の3曲に内海さんが詞を書いてくださったんです。

そして昨年の12月にリリースされた内海さんのアルバム『mujun』の1曲目に、俺が作曲して内海さんが作詞した『月と太陽』が収録されています。この曲は、俺のファーストアルバムのために書いてくれたもので、内海さんがセルフカバーしてくれたんです。

現在は、それらのアルバム曲をメインにしたライブを全国あっちこっちで行なっているんです。その他にもアブラーズ[*9]としても活動を続けています。

ソロになってからもう7周年。早いですねえ。ぼーっとしていると、あっという間に死んじゃいますよ（笑）。頑張らないと！

鈴木 先日（2月16日）、飯田橋でユウジさんのライブを聴かせていただきました。歌はもちろんですが、アコースティックギターのリズム感が半端なかったです。いかにもベーシストが弾くギターという感じで。

最後の武道館ライブ、そして紅白歌合戦

鈴木 最後に、解散の頃についてお聞かせください。１９９２年12月31日、チェッカーズの最後の日の紅白歌合戦では、X-JAPANやSMAPファンからチケットを譲ってもらって入場したファンがたくさんいたという逸話を聞きました。特に《I Love you, SAYONARA》は、観客も含めて大合唱になりましたね。

メドレーの中でもこの曲が一番、観客の歓声が大きかったと思います。

大土井 メドレーでやったのはもちろん憶えています。でも、歓声まではね……こっちも一生懸命やってるから。

鈴木　これが本当に最後なんだという感極まっての演奏、みたいな感じですしたか？

大土井　感極まるほどの余裕はなかったです。最後のライブが武道館であって（1992年12月28日）、あそこでもう、気持ち的には終わっていた部分もあるので。

鈴木　日本武道館のファイナルツアー。素晴らしい演奏ですね。

大土井　大変でした。フミヤが風邪引いて声が出なくなっちゃってね。で、急遽、軒並みキーを下げていってね。

鈴木　そうだったんですか！　——あのライブでは、一曲目がインストゥルメンタルでしたね、とてつもないドラムスとベース！　チェッカーズというバンドはここの演奏で極まったなと思いました。

大土井　あの《FINAL LAP》[*10]は、レコーディングのときに相当苦労しました。生で一発録りにしようという話になって、皆がOKって言うまで、何回録ったかわからない。そのくらいテイクを録りました。

鈴木　8ビートとも、16ビートとも、スウィングとも言えない独特の。

大土井　結局、クロベエの独特のグルーヴがあってのものでした。その人間にしか出せない音というのがあって。同じ演奏は他の人にはできないんですよね。

鈴木　最後の紅白歌合戦について、この本では克明に書いたんです。あのとき、堺正章さんが司会だったというのがいいと思うんです。日本最初のロックンロール・バンド＝ザ・スパイダースのメンバーが、日本最後のロックンロール・バンドを紹介するというね。両バンドとも7人組。

（ここで本書の原稿を読む）「武道館公演では、入りきれなかったファンが武道館を取り巻いたらしく、コンサート終盤は、武道館の扉を開け、外のファンにも聴こえるよう配慮したという」——これは実話ですか？

大土井　実話です。

＊9　アブラーズ　チェッカーズの楽器チームで構成されるバンド。メンバーはアンバサダー武内（武内享）、アルマジロ大土井（大土井裕二）、リットル藤井（藤井尚之）、故・サニー徳永（徳永善也）。

＊10　《FINAL LAP》　作曲・藤井尚之。チェッカーズによるジャズっぽいインストゥルメンタル。変則的なドラムスと低音から高音まで網羅するベース、軽快なサックスが絶妙に組み合わさったグルーヴが特徴。日本武道館ラストライブの1曲目だった。

鈴木　（引き続き原稿を読む）「チェッカーズの出番は41番目。対戦相手である工藤静香『めちゃくちゃに泣いてしまいたい』の後に登場。「チェッカーズ・フェアウェル・メドレー！」と大声で紹介したのは、同じく7人組にして「日本における最初のロックンロール・バンド」＝ザ・スパイダースのリードボーカルだった、司会の堺正章。メドレーの曲目は、《ギザギザハートの子守唄》→《涙のリクエスト》→《星屑のステージ》→《I Love you, SAYONARA》→《Present for you》。すべての曲を歌い終わって、フミヤが「Thank you and goodbye, my babies!」と一言。堺正章が「チェッカーズ！」と絶叫。フミヤ「ありがとうございました」」——演奏が終わって、その日はどうしました？

大土井　そのあたりはあまり憶えてないんだよね。多分、皆でお疲れって乾杯したんじゃないかなと思いますけど。

鈴木　紅白歌合戦の放送が終わって出演者がＮＨＫホールの舞台からはけた後も、会場に残っていたファンたちが、0時になって年が明けた瞬間に、万歳三唱したというエピソードを聞きました。

大土井　ええ!?　それは俺らも知らなかった。

鈴木　いろんな意味がこもった万歳三唱でしたでしょうね。チェッカーズも幸せだけど、そういう想い出があるファンの方も幸せですよね。今、ユウジさんは、チェッカーズの現役時代をどう振り返りますか？

大土井　ほとんど20代はチェッカーズだったので。いろんなことを経験させてもらいました。本当に他ではありえない体験でした。いいバンドだったと思います。バンドとして素晴らしかった。

鈴木　この本は、当時のファンの方もさることながら、新しい音楽ファンに対しても、チェッカーズの音楽をもう一度問いたいという想いで出版します。チェッカーズの音楽というものを今、振り返ると、どのあたりが魅力ですか？

大土井　細かいことは抜きにして、仲が良くて、一緒に音楽を一生懸命作ってたというか。バンドらしい音楽をやってたバンド。バンドらしいということがすごく重要だと思います。アマチュアのときから一緒。東京にも一緒に出てきて、いろんなことを皆で経験して、ああでもないこうでもないっていうのが全部音になっていった感じがしますね。そういう意味ではいろんな、言えないことも含めて、チェッカーズの源になっている。素晴らしいバンドでした、間違いなく。

鈴木　……再結成の話とかは出たりしますか？

大土井　いろいろ取り沙汰されることはありますけど、個人的な意見としては、再結成はないと思います。なぜなら、一人もういないので。皆で東京に出てきて、メンバーチェンジもなくずっとやってきたバンドです。ここで一人いないのに、チェッカーズ再結成っていうのはありえないと思っています。

仮に残っている6人でやったとしても、それはチェッカーズではない。特にドラムスが違うと、あの音には、ならない。クロベエのドラムスがあったから俺のベースがあって、チェッカーズがあったと思っています。

鈴木　どうもありがとうございました。

2019年2月　都内にて収録

行こうぜPeriodの向こうへ

THE CHECKERS

FUJII, Fumiya
TAKEUCHI, Tohru
TAKAMOKU, Yoshihiko
ODOI, Yuji
TSURUKU, Masaharu
TOKUNAGA, Yoshiya
FUJII, Naoyuki

★

おわりに

「日本最後のロックンロール・バンド」――シングル30曲を聴きこみ、そして、マサハル氏・ユウジ氏との対談を通じて見えてきたものは、「ロックンロールへの初期衝動に突き動かされ・輝き続けた日本の最後のバンド」としてのチェッカーズのありようだった。

この国における（狭義の）ロックンロールの歴史を考える上で重要な3つのバンド。

◇**ザ・スパイダース**：自作の『フリフリ』や『バン・バン・バン』で、日本語を軽やかに3コードに乗せ、ロックンロールの楽しさとかっこよさを日本人に広く普及させた「日本最初のロックンロール・バンド」。

◇**キャロル**：ザ・スパイダースの方法論をさらに攻撃的に発展させ、日本語・英語チャンポンの歌詞や、ロックンロールに乗る日本語発声法を確立した「日本最強のロックンロール・バンド」。

◇そして、「日本最後のロックンロール・バンド」としての**チェッカーズ**。

この3バンドを比べると、バンド活動へのモチベーションにおける、ロックンロール初期衝動の度合いでは、キャロルとチェッカーズが、スパイダースを超えていると思う。また、ロックンロールをベースとしながらも、より幅広い音楽を追求したいという「音楽主義」の度合いでは、スパイダースとチェッカーズが、キャロルを超えているだろう。

そして、スパイダースやキャロルを圧倒する、ファッション性、ビジュアル性、メディアミックス感覚まで考えると、「日本最後のロックンロール・バンド」は「後にも先にも横にも無い、日本唯一のチェッカーズ」だったのではないかと、あらためて感じ入るのだ。

個人的なチェッカーズ・ベストソングス。順位は付け難いので、カセットテープの両面に、6曲ずつ並べてみる。並びは好きな順位ではなく、曲調と時代のバランスを考えたもの。

【A面】

#1：ジュリアに傷心

#2：Standing on the Rainbow（アルバム『SCREW』）

#3：OH!! POPSTAR

#4：Long Road（アルバム『FLOWER』）

#5：ミセスマーメイド

#6：Cherie

【B面】

#1：TOKYO CONNECTION（アルバム『GO』）

#2：Jim & Janeの伝説

#3：Blue Moon Stone

#4：ギザギザハートの子守唄

#5：I Love you, SAYONARA

#6：時のK-City（アルバム『FLOWER』）

最後は、傑作アルバム『FLOWER』（86年）のラストも飾る、フミヤ作詞・トオル作曲・マサハル歌の《時のK-City》としたい。「K-City」とは「久留米市」のことだという。

――♪泣いたり笑ったりが毎日だった　くだらないことを競い合ってた

本書のユウジ氏との対談で最も心に残ったのが、アマチュア時代、トオル家の2階の畳敷きの部屋で、7人が集まってコーラスの練習をするくだりだ。ビジネスのことなどこれっぽっちも考えず、ただただロックンロールへの初期衝動だけに突き動かされて、無心に声を合わせる少年たち。

これはもう、映画『ジャージー・ボーイズ』の世界だ。最高に映画的な光景。時間旅行が可能なら、トオル家に行って、声を合わせている悪ガキたちに伝えてあげたい——君たちが「後にも先にも横にも無い、日本唯一のチェッカーズ」になるんだぞ、と。

再結成はしばらく無さそうなので、伝記映画を勝手に妄想してみる。タイトルは『K-Cityボーイズ』。テーマソングはもちろん《時のK-City》。各メンバーをどの俳優に演じさせるかは、読者の皆さまのご想像にお任せするとして、できれば、音楽系の洋画によく出てくる意地悪な音楽評論家のようなキャラのスージー鈴木役も、たとえば松尾諭あたりに演じてほしいなぁ、などと欲張る。

★

ブックマン社の小宮亜里さん、ＢＳ12トゥエルビ『ザ・カセットテープ・ミュージック』の皆さん、マキタスポーツさん、サイト「リマインダー」の太田秀樹さん、鶴久政治さん、大土井裕二さん、そしてチェッカーズ全員に感謝して——52歳の舌を出す。

スージー鈴木

CKERS
and Times

THE CHE

Their Music

1983-1992

Suzie Suzuki

参考文献

・『THE CHECKERS SEVEN』（ソニー・マガジンズ）

・チェッカーズ『もっと！チェッカーズ』（扶桑社）

・高杢禎彦『チェッカーズ』（新潮社）

・売野雅勇『砂の果実　80年代歌謡曲黄金時代疾走の日々』（朝日新聞出版）

・『Complete the Checkers』（ソニー・マガジンズ）

・秋山計画『Checkers in Tan Tanたぬき（高級本格本2）』（扶桑社）

・速水健朗・円堂都司昭・栗原裕一郎・大山くまお・成松哲『バンド臨終図鑑』（河出書房新社）

・『ロングロードーチェッカーズ全詩集』（学研）

・スージー鈴木『1984年の歌謡曲』（イースト・プレス）

・スージー鈴木『イントロの法則80's　沢田研二から大滝詠一まで』（文藝春秋）

スージー鈴木
1966年大阪府東大阪市生まれ。大阪府立清水谷高校卒業、早稲田大学政治経済学部経済学科卒業。音楽評論家、野球評論家、野球音楽評論家。高校の図書館で見つけた、渋谷陽一『ロックミュージック進化論』に天啓を受け、音楽評論を志す。しかし若くして大ブレイク、とはならず、社会人となりながらも、サラリーマンの傍ら、地味に評論活動を続け、アラフィフとなった数年前より、次々と著書を出版。近著に『イントロの法則80's ～沢田研二から大滝詠一まで』(文藝春秋)、『いとしのベースボール・ミュージック野球×音楽の素晴らしき世界』(リットーミュージック)など。マキタスポーツ氏と共演するBS12トゥエルビの音楽番組『ザ・カセットテープ・ミュージック』にも熱いファンが多い。

チェッカーズの音楽とその時代

2019年3月29日　初版第一刷発行

著　者　スージー鈴木

インタビュー出演　大土井裕二
鶴久政治

ブックデザイン　秋吉あきら
写　真　高岡弘（鶴久氏インタビューページ、著者プロフィール）
七海麻子（大土井氏インタビューページ）

編　集　小宮亜里　黒澤麻子
編集協力　中井良実

営　業　石川達也

発行者　田中幹男
発行所　株式会社ブックマン社
〒101-0065　千代田区西神田3-3-5
TEL 03-3237-7777　FAX 03-5226-9599
http://www.bookman.co.jp/

ISBN978-4-89308-915-1
印刷・製本　図書印刷株式会社